黒《クロ》木《キ》魔《マ》奇《キ》録《ロク》

黒木あるじ

目次

※本書に登場する人物名は様々な事情を考慮して仮名にしてあります。

ほんね

休日、幼い我が子の手をひいて隣町にある山へとハイキングに出かける。

それほど高い山ではないはずが、やけに寒い。念のため厚着をさせたはずの息子も、「おとうさん、さむいね」としきりに手を擦りあわせている。

「風が強いのかな。頂上に着いたら、お母さんが持たせてくれた温かいお茶を……」

かけた言葉が終わらぬうち、耳のすぐうしろで「やっぱりさみしい」と声がした。

白髪で皺《しわ》だらけの女が、木の陰からこちらを覗《のぞ》いている。

とっさに息子を自分のもとへ引き寄せた直後、老女は砂の城が崩れるように消えた。


後日、その山が散骨に使われていると知った。

納得

K子さんの住むアパートの部屋では、ときどき妙なことが起こった。
深夜になると玄関のドアノブが、かか、かかかか、と小刻みに揺れるのである。
おそるおそるドアスコープを覗くが、廊下には誰もいない。
風かなと思って玄関を離れると、しばらくして再び、かかかかか、とドアが震える。
それが、一晩に何度となく続く。
用心のためにドアチェーンを架けるようになったが、今度は振動が鎖を伝うらしく、
ちゃり、かかか、ちゃり、かかかかか、と、ますます音が気になってしまう。
「入れて」と、無言でうながされている——そんな確信があった。
ある日、部屋へ遊びにきた友人とお喋りするうち、話題がドアノブのことになった。

「なにそれ、絶対ストーカーだって。ヤバいよ、警察呼びなよ」

缶ビールを呷《あお》りつつ、友人が声を荒げる。H子さんはかぶりを振って否定した。

「だから、絶対に生きてる人じゃないんだってば」

彼女の切実な訴えを、友人はまるで相手にしない。

「だってさ、幽霊だったらドアなんて関係ないでしょ。すり抜ければいいじゃん」

冗談めかして言った直後、

「そうだよね」

低い声がして、細長い顔の女がドアをするりと抜けるやリビングをずたずた横断し、道路に面した窓へぶち当たるように、消えた。

泣きじゃくりながら、二人で抱きあって朝を迎えたそうである。

予音《よおん》

Uさんが学生時代に暮らしていたアパートも、奇妙な場所だった。

「いや、別に幽霊が出たりとかはないんですけど……どう説明すれば伝わりますかね。音が、早いんですよ」

最初に「おや」と思ったのは、引っ越してまもない春の終わり。

「連休直前……バイト初日か二日目だったはずです。くたくたで帰ってきて、そのまま布団に倒れた記憶があるんで」

目を瞑《つむ》ってはみたものの、疲労しすぎてなかなか寝つけない。仕方なしにうつ伏せのままで悶々としていたその最中、どうん、と重い音が遠くで聞こえた。

はなび……かな。

耳をすましていると、再び低音が窓を震わせた。あきらかに打ち上げ花火である。

変わってるな。このあたりでは、こんな季節に花火大会をやるんだ。

暗闇で、腹に響く音を楽しみながら眠りに落ちていった。

「ところがね、その翌日」

バイト先の先輩に訊ねたところ、ひどく怪訝な顔をされた。

この時期に花火大会などない、というのである。

「八月になれば河川敷で大花火大会があるけど、いまはまだ寒いもん。打ち上げたって誰も見にこないっしょ」

話は、それきりで終わった。

「こっちも深く追求する気はなかったですし。聞き間違いだったかな——って感じで」


それからおよそ四ヶ月後の、深夜。

布団に寝そべり読書に興じていたUさんは、再び妙な音に気づく。

「今度は、打ち上げ花火じゃありませんでした」

のおん、のおおん。

金属とおぼしき反響音。まるで……鐘のような。

そうだ。思わず身を起こす。

寺で撞く鐘。地元で耳にした記憶のある、除夜の鐘そっくりな音だった。

「でも……夏ですよ。参拝客だとしても、真夜中にゴンゴン鳴らさないでしょ」

どうしても気になり、サンダルを引っかけて部屋から出る。

「……あれ」

外は静まりかえっていた。どれだけ待っても、鐘どころか虫の声すら聞こえない。

首を傾げて部屋に戻った途端、のおん、と鈍い音が届いた。

「いったい何度、路地と室内を往復しましたかね……で、ようやく悟ったんです」

もしかして、未来の音ではないか。

何ヶ月か先の音が、この部屋だけに聞こえているのではないか。

「そこで、予言的な意味をこめて《予音》と命名したんですよ。ま、名づけたところでそれ以上どうしようもないんですけどね。誰かに聞かせたくても、音がこっちの都合に合わせてくれるわけじゃないですから」

その後もUさんは、何度か《予音》を耳にする。

告示前にもかかわらず「清き一票を」とがなりたてる選挙カー。年度末の道路工事とおぼしき機械音。怒号が延々と聞こえた数週間後には、アパート前の路上で酔っぱらい同士が殴りあい、警察が出動する騒ぎとなった。

興味深いことに《予音》で聞いた状況が実際に起きるまでのタイムラグは、その都度異なっていた。一週間後に発生するときもあれば、半年後の場合もある。それをじっと待つのも「プレゼントが届くみたいで、ちょっと楽しかったのだ」と彼は言う。

「退屈しのぎにはちょうど良かったんですよ。〝おっ、今度はなんの音だろう〟なんて予想したりして、なかなか面白くてね……あのときまでは」

大学二年目の冬だった。

「その夜はよく憶えていますよ。次の週に都内へ就活セミナーに行く予定だったので、準備をしていたんですよね。で、なんとか自己PRを書き終えてホッとした直後」

けたたましいサイレンが、窓の向こうで鳴り響いた。

思わず椅子から腰を浮かせ、耳をそばだてる。そのあいだにもサイレンはどんどんと大きくなり、まもなくアパートの手前でぴたりと止んだ。

「……マジか」

慌てて窓に近づき、カーテンをめくった。当然のごとく路上は無人である。

救急車かな。それともパトカーだとしたら……なにかの事件かな。

息を飲み、真っ暗な空間に耳をすます。

直後、男性らしき叫び声に続いて、テレビの砂嵐を思わせる轟音《ごうおん》が耳を塞いだ。

なんだ、これ。

ざあああああ、ざああああああ、って、なんの音だ。

激しい音に圧されて後ずさったと同時に、ぱち、ぱち、と生木を割るような音。

瞬間、理解した。

サイレンは消防車のそれだ。砂嵐だと思ったのは、消防隊の放水だ。

つまり——火事だ。このアパートが燃えているのだ。

「おい、そこの人、大丈夫かあッ」

窓の向こうで消防隊らしき声がする。合唱じみた悲鳴と怒号は、野次馬だろうか。

「逃げろ、はやく逃げろおッ」

「ああ、あれはもう駄目だ」

「きゃあああっ」

屋根のあたりで、なにかが崩れる音がとどろく。衝動的に騒乱の部屋を飛びだして、静寂のなかを駆け続けた。

「そのまま友人宅に転がりこんで一夜を明かし、翌日に引っ越しの手続きをしました。おかげで就活セミナーはドタキャンしましたが……焼け死ぬよりはマシですよね」

これで、数ヶ月後にアパートが焼けたならば彼の判断は正しかったことになる。

ところが。

「燃えていないんです、未だに。無事に卒業して、就職して……あれからもう十年以上経ちますが、あのときのまま残っているんです。年に二、三度は確認に行ってるので、間違いありません」

だとすれば、《予音》の正体はいくつか考えられる。

まず、音はUさんの幻聴であったという可能性。精神的疲労か、もしくはなんらかの疾病によって有り得ない音を耳にしていたと仮説づけるのが、もっとも合理的である。

彼自身も「その答えがいちばん嬉しい」と、この説を支持している。

「ほかには、隣室のテレビや音楽が空気の振動かなにかで妙に聞こえたとか、友だちが屋根裏にスピーカーを仕掛けてイタズラしたとか、候補をあげればきりがないんですが……ひとつだけ、考えたくない選択肢がありまして」

そこで言葉を区切り、Uさんは声のトーンをわずかに落とした。

「もしも……もしもですよ。あの音が《僕の身に起こることの予兆》だったとしたら、どうします。つまり火事に遭うのは、あのアパートではなく僕自身で……それはまだ、訪れていないのだとしたら」

僕は、どうすれば良いんでしょう。

人一倍、火の元に神経質になってしまったと苦笑し、「なにか起こったらすぐに連絡しますすよ」と言い残して、彼は去っていった。

いまのところ、幸か不幸か続報はない。

どの仮説が正しいか、証明されるその日を待ち望んでいる——と正直な気持ちを告白するのは、あまりに不謹慎だろうか。

くびれ

知りあいの不動産業者から、こんな話を聞いた。

あるアパートで、縊死《いし》する借り手が相次いだ。

最初は借金を苦にしたサラリーマンが居間で首を吊り、それから半年後には上の階に住む主婦が、台所にロープを掛けて死んだ。発見したのは帰宅した小学生の娘だった。

まもなく別の部屋に住む独居老人が遺体で見つかった。トイレの壁に釘を打ちつけ、そこにスズランテープをぐるぐる巻きつけ、輪を作っていた。しばらく経って、今度は女子学生がドアノブに紐を巻きつけて亡くなった。学生は主婦が死んだ部屋に入居していたが、不動産屋が事情を伏せていたため、自室で起こったことはまったく知らなかった。

その後も二件、アパートで自殺者が発生した。どちらも首吊りだった。

ここまで頻繁だと、さすがに近所でも噂が立つ。なかには入居者にわざわざ忠告するお節介な住人もあらわれ、業者としてもなにかしら対処せざるを得なくなった。

そこで業者は大家と相談、「お祓《はら》いをしよう」と決める。普通であれば坊主か神主を呼ぶところだが、数日後に大家の紹介でやってきたのは霊媒師を名乗る女性だった。

彼女はアパートをひとめ見るなり「ああ、最初の男性が拾ってきたね」と嘆息した。

いぶかる不動産業者をよそに、女性は祭壇らしき木製の台座をてきぱき組み立てると、塩を円錐《えんすい》状に盛りつけ、経とも祝詞ともつかぬ聞いたことのない言葉を唱えだした。

私たちも真似したほうが良いですか。業者がおそるおそる訊ねてみたものの、女性は返事もせずに意味不明な呪文を続けている。

困りはてて、なにげなく祭壇へと視線を移す。

あ、と思わず声がでた。

先ほどまできれいな円錐状だった塩が、鷲掴《わしづか》みされたように崩れている。

呆然とする皆をよそに女性は独唱を終えると、「もう大丈夫。二度とこの場所で首をくくる人は出ません」と断言し、謝金を受け取らぬまま帰っていった。

翌日「御礼もしないのはさすがにまずかろう」という話になり、業者は大家に連絡を取って女性の住所を聞いた。万札を数枚詰めた封筒を手に教えられた先へ行ってみると、そこはなんの変哲もない古い平屋だった。

てっきり寺か神社っぽい建物だと思ったのに。やや拍子抜けしつつドアホンを押す。だが、電池が切れているのかチャイムが鳴った様子はなく、室内からもまるで反応がない。ドアに手をかけたが、鍵はがっちり閉まっていた。

「勝手口なら開いているのでは」と思い立ち、裏手にまわるため庭を横断していると、太々とした松の下に、ぶらぶら揺れるかたまりが目に入った。

あの霊能者の女性が、縊《くび》れ死んでいた。

首には、麻のロープやスズランテープなど数種類の縄紐が巻きついていたという。

アパートは自殺者こそぴたりと止んだが、一年ほど前に不審火で全焼している。

出品

以下は、知人の編集者が喫茶店で耳にした、若い女性グループの会話だそうだ。彼の記憶とメモ書きを叩き台に、個人情報を明らかにしない形で再構成した。


うん、そうなの。[redacted]（フリマアプリの名称とのこと）退会しちゃったの。

ほら、ちょっと前に[redacted]（ブランド名らしいが著者も編集者も名前を知らず）の指輪が欲しい、って言ってたでしょ。そうそう、[redacted]（芸能人の俗称とおぼしい。著者、編集者ともに知らず）のモデル。あれヤバいじゃん。だから、誰かが出品したらすぐ通知がくるよう登録したの。

そしたら夜中に、ピコーンって。

お、マジでと思ってアプリ立ちあげたら、ホントに出品されてんの。しかも安いの。

前に落としそこねたやつの半額以下なんだもん。
もう即決、「購入したいです」ってコメントつけて、相手も「すぐ送ります」って。
あんまりトントン拍子なんで、「もしかしたら地雷かも」ってドキドキしたんだけど、
二日後にちゃんと。うん……届いたことは、届いたのよ。
やけに大きいダンボール箱でね。
えっ、そりゃ驚くでしょ。だって、だって指輪だよ。なんなら封筒でもいいじゃん。
まあ、そのときは「厳重に梱包してくれたのかな」と感謝してさ、開けたわけ。
そしたら、なんて言うんだっけ、あの割れないようにするプチプチの。あ、緩衝材。
それそれ。ねえ……普通さ、ああいうのって普通ビニールとか紙でしょ。だよね。
お守りなのよ。
そう、神社で買うアレが、緩衝材代わりにびっしり詰まってんの。
しかも、一種類じゃないんだもん。いろんな神社のお守りが何十個も。
いや無理、無理、無理。だって、どう考えても指輪になにかあったってことでしょ。
ていうか……そうじゃないとしたらもっと怖いじゃん。緩衝材にできるくらい大量の
お守りを持ってるってどんな状況よ。その人、なにがあったのよ。

それでもう駄目、アウト。とてもじゃないけど、手もとに置いとく気になれなくて。結局、指輪はすぐに売っちゃった。買った値段のさらに半分。もう大損。

あんまり悔しいんで、お守りはお守りで出品したけど。うん、すぐ落札されたよ。

言わない言わない、理由なんて言うわけないじゃん。

でも、なんかあって炎上したらイヤでしょ。そう、それで退会したってわけ。


ここでちょうど別な友人が来店したらしく、話題はホテルのスイーツバイキングへと変わってしまったという。

57

「七つも離れているから、めんこくてよお。《動くヌイグルミ》みたいな存在だった」

実の弟について語りながら、F氏は目を細めた。笑うと、七十を迎えたばかりの顔がいっそう皺《しわ》深くなる。

田の畦《あぜ》、裏の水路、離れの厠……何処へ行くにも、弟はひょこひょこと後ろをついてきた。そのおぼつかない動作をいまでもありありと思い出すのだ、と彼は再び微笑む。

「農家だったもんで、両親はもちろん爺ちゃんも婆ちゃんも畑に行っちまうからね。近所に子供の居る家もないし、お互いだけが遊び相手でさ。鬼ごっこだの影踏みだのいろいろやったな。なかでもアイツは、かくれんぼがお気にいりだったねえ」

その日も兄弟は、かくれんぼに興じていた。

季節は葉月なかば、「もういいかい」と叫ぶ弟の声に蝉時雨《せみしぐれ》が重なっていた。

「まあだだよ」

返事をしながら、幼いF氏は土蔵に走った。扉には重たい南京錠が架かっているが、木箱を踏み台にすれば脇の小窓から忍びこめることを彼は知っていた。

蔵のなかに身を落とし「もういいよお」と窓の向こうにかえす。まもなく砂利を蹴るたどたどしい足音が聞こえた。片隅に置かれている古箪笥の陰に隠れ、息を殺した。

土蔵は外よりわずかに涼しいものの、さすがに盛夏とあって厭な熱気が漂っている。一分も経っていないのに、さっそくランニングシャツが汗でべとつきはじめた。

これはかなわない、はよう見つけてくれ。そんな思いとは裏腹に、足音は見当違いの方向へどんどん遠ざかっていく。降参してしまおうか悩んだものの、こちらが譲るのはやはり癪《しゃく》に触った。兄とはいえ、彼もまだ子供だった。

やがて退屈に耐えかね、F氏は潜んでいた古箪笥の抽斗《ひきだし》に手をかける。

いちばん上の棚にはなにも入っておらず、その下の段も空っぽだった。お宝の不在に落胆しつつ最下段をゆっくり引くと、小ぶりの写真が一枚、ぽつんと置かれていた。

手にとってみれば、写っていたのは乳飲み子の弟である。肌着の柄に憶えがあった。

やけに、悔しかった。

自分が産まれたのは農繁期直前で、そのために記念写真を撮る金も時間もなかったと両親はしきりに言っていた。いままでは、そういうものかと諦めていた。

だが、弟は撮影されている。祝福されている。

破ろうか、丸めてしまおうか。

胸に湧く憤りを抑えるように、じっと写真を見つめる。

と、F氏は気がついた。写真の右上部、白枠部分になにやら文字が書かれている。やみくもに筆を走らせたような文字は、漢数字の「五七」に読めた。

はて、なんの数字だろう。誕生日だとしても、弟は十月生まれのはずだが。それともこれは、七五三のような祝い事をあらわす文字なのだろうか。

どれほど考えてもわからない。それが、ますます腹立たしかった。

衝動的に額の汗をぬぐい、濡れた指の腹で「五七」を何度も何度も擦る。好奇心と言葉にできない気持ち、そして答えの見つからぬ苛立ちをないまぜに、彼は無心で指を動かし続けた。

やがて「五七」の横線がゆっくりと滲み、おぼろげな「十一」へと変わった直後、小窓の向こうから「見つけたあ」と、弟の声が響いた。

「そのあとは、かくれんぼの続きをして、婆ちゃが切った西瓜《すいか》を食って、昼寝して……

それだけよ。土蔵は俺が中学になるころに壊して、トラクター置き場になっちまった。

だから、写真の行方も知らずじまいだ」


のちに弟は、浅い水路でうつ伏せのまま息絶えているところを発見された。

十一歳になった翌日の出来事であったという。


「――五十七まで生きる予定だったんじゃないのかねえ。それを、俺が」

どうして、消しちまったのかなあ。

なんで、書き足さなかったのかなあ。

F氏が唇を歪めた。皺が深くなる。

笑っているようにも、泣いているようにも見える。

ひみつ

「ほら、よくあるじゃない。〝心霊スポットに行ったらおかしくなっちゃって。彼女、いま入院しているんです……〟なぁんて怪談。都合いい話だと思うかもしれないけど、本当にあるんだよね」

秘密だけどさ。

Tさんは太い指で爪楊枝を器用に動かし、殻つきサザエをほじくりながら笑った。

彼は精神科医、勤め先の入院病棟を任せられているそこそこのベテランらしい。

「あなた好みの話を持っている」と知人に紹介され、彼の行きつけだという小料理屋で会ったのだが、場が落ち着くなり彼が口にしたのが、冒頭の科白だった。

驚くこちらを一瞥し、彼は「あのね、実はね」と、嬉しそうに言葉を続けた。

病院へ担ぎこまれる患者——とりわけ入院を余儀なくされる者のなかには、いわゆる

《心霊スポット》に行った結果、精神に支障をきたした人間が一定数いるのだという。

「まあ、多くはないけどね。でも、けっして少なくもないと思うんだよなあ」

れっきとした医療従事者であるから、Tさんとて「その手の話」をやみくもに信じているわけではない。けれども、当該患者のみに見られる共通項が大変に興味深く、彼は非常に好奇心をそそられているのだそうだ。

「あのね、あのね。あの人たちね、病棟の《ある一点》だけを怖がるんだよ」


その一点とは、病棟廊下のちょうどまんなか。

掃除用具を入れるタイプのロッカー（実際は施錠したうえで固定されており、なかは空っぽらしい）が、ふたつならんで置かれた位置である。

むろん、普通の患者は見向きもしない。

しかし、心霊云々を理由に入院した人間のおよそ半数がその場所を極端に嫌がり、場合によっては前をとおるたびに泣き叫ぶらしい。

ちなみに、ロッカーは最初から其処《そこ》に置かれていたわけではない。

ロッカーの向こうには部屋がある。

かつて、その部屋を利用していた患者がスプーンの柄を鼻から頭めがけて突き刺し、何度も何度も何度も掻きまわして、自殺したのだという。

その後もいろいろあったので──「いろいろ」の具体的な中身は最後まで教えてもらえなかったが──やむなく、部屋を塞ぐようにロッカーを置いたのだそうだ。

もちろん患者は知らない。

医師も看護師も、彼以外は誰も知らない。

「……あれ、研究してみたいんだよねえ。どういう仕組みなのかなあ。でも、あんまり深入りしたらまずいかなあ。ボクも、取り憑かれちゃったりするのかなあ」

楽しそうに独りごちてから、Tさんはこちらの冷めた視線に気づいて、

「こんな楽しいこと、秘密だよ」

と、嬉しそうに微笑んだ。

もう憑かれているんじゃないですか──言いたい気持ちをぐっと堪《こら》え、私も笑った。

てびさし

ある男性が《霊感が強い》と自称する人から「幽霊を視る方法」を教えてもらった。

妙な気配を感じた際、その場で手庇《てびさし》を作るのだという。

手庇とは、遠くを眺めるときの仕草、陽の光を掌で遮る「あれ」である。

「いつでも成功するわけではないが、確度は高いよ」

その言葉にしたがい、いろいろな場所で手庇を作ってみた。

なるほど、たしかに空気が揺らいだように見えたり、静物の影が動いたような気がする。

とはいえやみくもに信じていたわけではない。錯覚を利用した遊びの一種なのだろう
――男性は、その程度に考えていた。


しばらく経って、出張先でホテルへ泊まった。

鍵を受け取って部屋に入るなり、異様な雰囲気に驚く。照明をすべて点け、窓も解放しているにもかかわらず、冥い。蚊帳越しの景色のように、部屋全体が陰っている。

さすがに、なにか居てもおかしくないな。

怖さを紛らわせようと冗談半分で手庇を作る。


瞬間、手首をぐいと掴まれた。


慌てて飛び退いたが、やはり部屋には誰もいない。

腕には、四本指を思わせる痣《あざ》がついていた。

その日は駅前のチェーン居酒屋で、朝まで粘ったそうである。

「興味がある人は、ためしにやってみると良いんじゃないですかね」

なにを視ても責任は持てませんけど――彼は、真顔でそう言って話を終えた。

これから

数年前、ある人が関西圏のビジネスホテルに泊まった。
翌日に備えてスーツをプレス機にかけていると、背後で「これからっ」と声がした。
テレビかと思ったが、よく考えるとチェックインしてから一度も点けた憶えはない。
首をひねるうち、また「これからっ」。
今度こそ、はっきり聞いた。女のささやきだった。
外で誰かが喋っているのだとしても、はたして六階の部屋まで届くだろうか。
怖さよりも疑問が先に立つ。「これから」とは、いったいなんなのか。
これから、なにが起こるのか。
その場に立ち尽くしてしばらく身構えていたが、いつまで待っても声は聞こえない。
いいかげん眠気に襲われ、着替えだけでも済ませようと足を踏みだしたとたん、

「これからぁッ」

絶叫が部屋に響いた数秒後、窓の向こうで、ばんっ、となにかが破裂したような音が聞こえた。

驚いて窓に近づき、階下を覗く。

大の字に倒れたシルエットと、路上へばさばさと広がる髪が見えた。

屋上から女性が飛び降りたと、翌日知った。

「予告だったんですかね」

死んだ女と声の関連は、当然ながら不明のままである。

人魂三題

怪談を取材する者にとって「コックリさん」と「虫の知らせ」は避けてとおれない。これを強引に流行《はや》りの「三大〇〇」とやらにするならば、加わるのは人魂だろうか。

さても人魂の話は多い。郷愁よびさます村の夕暮れを、工業地帯の煤煙《ばいえん》にまみれた空を、苔《こけ》むす墓石のすきまを、遺影がならんだ仏間を人魂は飛ぶ。古今も東西も問わず、飛ぶ。

その多さゆえ、人魂にちなむ体験は掲載を見送る場合が多い。個人的には好ましくとも、目の肥えた読者は納得しない。話者には内心で詫び、お蔵入りとするのが常である。

いっぽうで、単純な目撃談からはみだした人魂譚も存在する。飛んだ、見た、追われたで終わらない怪談には一種独特の輝きがある。その輝きは人魂のそれなのか、はたまた話者の記憶のまたたきなのか。

本項では、そんな「浮遊する発光体」に関する話をいくつか集めてみた。

手はじめに、筆者自身の話をしよう。

私のかよっていた高等学校は男子校であった。現在は共学になったらしいが、男ばかりがひしめく山奥の学び舎は、他校の生徒からは嘲笑と侮蔑を以《も》って「猿山」と呼ばれていた。いま思いかえしてみても非常に秀逸なネーミングである。誰も彼も野蛮だった。

ある日、いつものごとく寝ぼけまなこで授業を受けていたところ、彼方より近づいてくるサイレンが聞こえた。付近にあるのは林檎《りんご》畑のみだから、サイレンはあきらかにこの校舎を目指している。こうなると「猿山」は制御が効かない。教師が止めるのも聞かず、クラスの全員が音の正体を知ろうと窓に群がった。

視線の先にあったのはグラウンドで、陸上トラックの白線付近に体育の授業中とおぼしき生徒たちが、ひとかたまりに集まっている。目を凝らすと、人の輪のまんなかで、仰向けに寝転がるジャージと白いスニーカーが見えた。

やがて、サイレンの正体である救急車がグラウンドへ乗り入れたかと思うと、救急隊員がくだんの生徒を担架に乗せ手早く車内へ運びこんだ。おりよく授業終了のチャイムが鳴る。私たちは教室の外に飛びだし、グラウンドへ駆けた。

運ばれたのは一学年上の生徒らしく、聞けば徒競走の最中、ばたりと倒れたのだという。そのときは飽きも手伝い「さして深刻な事態にはなるまい」と無根拠に思っていたのだが、午後になって教員がその生徒の訃報を告げた。

翌日には追悼集会がおこなわれた記憶がある。知らない先輩ではあったが、自分とおよそ同い年の人間がぽっかりと消えてしまったのが不思議に思え、ぼんやり哀しくもあった。

半年ほどが過ぎ、体育の授業を受けていたときのことだ。

グラウンドを走っていると、背後で、ざあ、と音がした。砂利を爪先で掻いたような音だった。「誰か転んだか」と思ったものの、こちらも走っている最中である。振りかえりもせず駆けていたが、はたして二周目、おなじ場所にくると、やはり、ざあ、と音がする。今度は気になって速度を落とし、視線をうしろに移した。

白い発光体がふたつ、地面から十センチほどの位置にふらふらと浮いている。光が揺れるごと、先ほどの、ざあ、が聞こえた。まだ陽の高い時刻であったから、怖さはなかった。そうしているうち、ふたつの光は突然消えた。ものの三十秒もなかったと思う。

あとで確認したところ、クラスメイトのおよそ半数が音を聞き、光を見ていた。

目撃したうちのひとりが「命日だもんな」と言い、もうひとりが「あの光、スニーカーの形だったな」と答えた。私はそこまで詳しく見ていなかった。

その一度きりだった。

いまでもあの光は、グラウンドを走っているのだろうか。


Sさんは、毎年「火の玉」を目撃している。

「ありゃあ人魂より火の玉と表現したほうがスッキリしますわ。本当に燃えてるんです。お化け屋敷なんかで見るみてえに、緑の炎がメラメラと空中をただよっとるんですもの」

火の玉は場所を問わずにあらわれた。高校のときは部活帰りの林道で遭遇したし、工場勤めの際は安アパートの四畳間を浮遊しているのを見た。家業の海苔店を継いで以降は、店先で目撃することが多かった。

いっぽう日時は共通している。

火の玉は、毎年十一月七日の夕刻に出現するのだという。

「気づいたのは二十代の終わりだったかなあ。旅行先で火の玉を目にして〝あれっ、去年とおなじ日じゃねえか〟と思ってね。それから何年もカレンダーにマルをつけ続けて、十一月七日だって確信したんですわい」

日時はわかったが、今度は新たな疑問が湧いた――なぜ、この日なのか。

そこで、Sさんはピンときた。

祖母だ。祖母の命日が十一月七日だったはずだ。

「バアさんは、ワシが乳飲み子のときに近所の川で溺れ死んどるもんで、顔なんかはまるで憶えとらんのですが、オフクロの話じゃあ初孫のワシをずいぶん可愛がってたそうでね」

つまり――いまでも、初孫を気にかけているのか。

そのように感じて以降は、火の玉を見ても怖いと思うことはなくなったという。

四十を迎えたころ、法事で親族一同が集まる機会があった。

直会の席上、Sさんは思い出話の延長で「火の玉」を話題にあげる。

途端、親族全員が固まった。

違ったのである。

祖母の命日は、まるで違う日だったのである。

ぽかんとした表情のSさんに、大叔父が告げた。

「バアさんはたしかに川で溺れて、そのとき肺炎にかかったのがもとで亡くなったけどよ、死んだのは年が明けてからだで。川で死んだなあ、別の……」

大叔父の言葉を大叔母が「ちょっと」と遮り、その大叔母をSさんがたしなめた。

「オバちゃん、ここまできたら教えてくれやい。気になるじゃろ」

ずい、と正座のままにじり寄る又甥にひるんで、大叔父が再び口を開いた。

「むかし、海苔屋に勤めとった男での。どうやらバアさんに片思いしとったらしいんじゃ。ええ歳して心中しようとバアさん川に引っ張りこんで……結局、そいつだけ死んだのよ」

可愛がっとった孫じゃからのう、よっぽど憎いんかのう。

その科白を聞いて以降は、火の玉が前より怖くなったという。

いまでも、毎年出るそうである。

夜のまだ早い時刻、O氏の暮らす町内が停電になった。

後日、蛇が電線に絡んで感電したのが原因だったと聞いたが、そのときは当然ながら理由などわからない。彼はまっくらな部屋で復旧をじっと待った。

しかし、五分経っても十分経っても灯りは戻らない。しぶしぶ携帯電話の光で押し入れを漁り、一本の蝋燭《ろうそく》を引っ張りだした。旅行に赴いたおり、気まぐれに買った土産物《みやげ》である。

台所のガスレンジにかざすと、蝋燭は無事に燃えはじめた。湿気っていなかったことに安堵し、豆皿の上に立てて、リビングのテーブルへ置く。

直後、火が飛んだ。

燈心に灯っていた火が、そのままの形で、空中にふわりと浮いたのである。

「そういう仕組みの蝋燭なのだろうか」と眺めているうち、火は空中をさまよったすえに、台所の小窓から外に出ていってしまった。蝶のような動きであったという。

結局、電気が復旧するまでの一時間あまりのあいだに、みっつの火が飛んでいった。

翌日、不審火が三件あったと新聞で知る。

一件は全焼、残り二件は半焼で済んだが、いずれも住宅街から離れた郊外の廃屋で、特に全焼の一件は、人が入れぬほど藪が茂った山中の別荘であったと記事は結んでいた。

その後、警察は放火の疑いで捜査を進めたらしいが、犯人が捕まったという報せはいまも聞いていないという。

蝋燭は、何重にも包んで燃えるゴミの日に棄ててしまったそうである。

ひだり

Iさんは二十歳になりたてのころ、占い師に絡んだことがある。

安物の酎ハイを浴びるように飲んだコンパの帰りだった。人が失せたアーケード街の片隅に《占い》の文字をみとめた彼は、酔いにまかせて財布から千円札を抜きだすと「俺わ、ろうすれば良いんれすかぁ」と机になだれこんだのだという。

熟柿《じゅくし》の香りをただよわせる若僧を冷たく一瞥し、占い師は「左だね」と言った。

「あんた、大切な人を自分の左側に立たせちゃ駄目だよ」

理由は聞いていない。聞いた直後にIさんは椅子から転げ、同窓生に担がれながらその場を去っているからだ。

そこまで酩酊していれば、占い師の意味不明な科白《せりふ》など記憶になさそうなものだが、なぜかそれだけは憶えているのだという。一語一句、声の調子まで、はっきりと。

もっとも、これがなんの根拠もない出鱈目《でたらめ》であったなら、彼もすぐに忘れたはずだ。

その後、Iさんは恋人を三人失っている。

一人は事故だった。マイカーの助手席に乗せていた際、スリップしてガードレールに激突。彼自身は軽い怪我だけで済んだが、ガールフレンドは「胴体がなくなる」ほどの重症を負い、病院で死亡が確認された。

もう一人は自殺。いつもと変わらぬ様子で彼の部屋へ泊まりにきて、一緒にベッドで寝たが、翌朝起きたときにはすでに冷たくなっていた。検視の結果、就寝前に睡眠薬をおよそ二瓶ぶん服用していたことが判明した。このときはIさんも自殺幇助を疑われ、たいへんに難儀したという。

残る一人は、厳密に言えば亡くなってはいない。行方がわからないからだ。

遊園地へデートに行って観覧車に乗った直後、「ポップコーンが食べたい」と屋台を探しに出かけたきり、連絡が取れなくなってしまったのだという。

ちなみに、観覧車では彼が右側に座っていた。

自殺した女性とベッドに寝た際も彼が右。そして、一人目のガールフレンドを乗せていたのは国産車だった。そう、女性陣はすべて「自分の左側」にいたのである。

実は、この話を私にしてくれたのはIさん自身ではない。

彼と幼なじみの男性が「友人から変な話を聞きまして」と教えてくれたのである。

男性によると、Iさんは酒の席で三人の女性について語ったあと、

「でも……心の底から大切に思ってる人じゃないと、駄目みたいなんだよな」

そう言ったのだという。

続けてIさんは、発言の意味がわからず困惑している男性に向かい、「これまでにも何人か試したんだけど、上手くいかないことのほうが多かったなあ」と告げた。

上手くいかないとは、どういう意味なのか。気にはなったが答えを知るのがなんだか恐ろしく、男性はそれ以上聞かずに会話を終えたそうである。

みぎ

ステンレス工場に勤務する男性の話。


ある休日の午後、アパートでぼんやりまどろんでいた彼は、窓辺に違和感をおぼえる。

カーテンレールへ引っかけたハンガーに干してある、長袖シャツの右腕部分。

その肘から先だけが、ぷっくりと膨らんでいる。

あきらかに風や空気の加減ではない。まるで「透明な右腕」が袖をとおしているような、生々しい存在感があった。

怖くはなかった。むしろ、懐かしくさえあった。

日が暮れはじめるころ、シャツの膨らみは消えていた。

それきりである。

「腕も、幽霊になるもんかねえ」

男性はそう言って、十年前に旋盤事故で失った右腕のあたりを嬉しそうに眺めた。

うでなし

交際して半年を迎えたころ、E君は彼女から唐突に一枚の写真を差しだされた。

夏の浜辺でポーズを決める、親子とおぼしき男女の記念写真。すまし顔の父、パラソルを手にした母、ビーチボールを抱えた男の子の横では左腕のない女の子がはにかんでいる——。

「これ、私」

彼女が写真の女児を指す。もちろん、いまも彼女の腕は左右ともに健在である。

E君自身はあまり記憶がないのだが、どうやら彼は数日前、テレビ番組の心霊写真特集を観て「こんなの、ぜんぶ合成だよ」と笑ったらしい。それがどうにも引っかかって、彼女は今日、この写真を持参してきたというのだ。

怯えた表情でも浮かべていれば、「怖いねえ」とノッてやっても良かったのだけど、とE君は言う。しかし彼女はやけに落ち着いた様子で、なんだかこちらの不躾《ぶしつけ》な発言を無言で責めているように見えた。

「残念。これはね、ちょっとした写真のマジックなんだよ」

彼は反論した。論破できる自信があった。

「たまたま腕が隠れたときにシャッターを切ったとか、すばやく動いた所為《せい》でブレてしまったとか。何百分の一秒を切り取る写真ならではの、もっと言えば解像度が低い昔のカメラならではの現象なんだよ。現に、いまのデジカメでこういうの見ないでしょ」

彼女はE君をちらりと一瞥してから、やおら携帯電話をいじりはじめた。

なんだよ、この程度で不貞腐《ふてくさ》れんなよ。面倒くせえなあ。

内心で舌打ちをしていると、おもむろに彼女が携帯電話を差しだした。

画面には、有名な遊園地で撮影したと思われる女性ふたりのスナップショット。ひとりはネズミの耳を模した帽子を被っており、その隣では当の彼女が笑顔で頬を寄せている。ちらりと映っている彼女の白いノースリーブ。その肩から先が、ぽっかりと消えていた。

「これって、デジタルだよね」

息を飲むE君の前へ、彼女は鞄から取りだした写真を数枚、ばさりと投げた。

卒業式の集合写真、キャンプのひとコマ、壇上でマイクに向かって話しているのは、弁論大会かなにかだろうか。

いずれの写真も、腕が消失していた。

「小さいときは数枚に一枚だったんだけど、だんだん腕が消える頻度が高くなって。いまは二枚に一枚……いや、最近は撮る写真ぜんぶそんな感じ」

ためしに一枚、撮ってみようか。

彼女が携帯電話を再び握りしめた。

「ちょっと躊躇しちゃって〝今日は別にいいかな〟なんてやんわりと断ったんです。彼女も〝ふうん〟とそっけない返事で。まあ、それが直接の原因ってわけではないんですけど……結局、別れちゃいましたね」

E君は最近、気になることがあるのだという。

「こないだ忘年会で写真を撮ったら、僕の左腕だけがぽっかりなかったんですよね。同僚は〝おっ、心霊写真じゃん〟なんて盛りあがってましたけど……実はここ半年ほど、自撮りの何枚か、おなじように腕がないんですよ」

ああいうのって、伝染《うつ》るんでしょうか。
左腕を反対側の手でぎゅっと掴んだまま、E君が訊ねる。
答えを持たない私は、沈黙するしかなかった。

あし

「幽霊ってのは、もともと足があったそうですね」

先日、ラジオ局で会ったディレクターが突然そんな話をはじめた。

こちらが返事をする間もなく、彼は丸山応挙《まるやまおうきょ》がどうだの江戸時代はどうであったのと、自分で調べたとおぼしき諸説を並べたてる。あまりの熱の入れように「よほど怪談がお好きなんですね」と水を向けたところ、そうではないと否定された。

「幽霊に足がある証拠」を、彼は実際に視たのだという。


仮に、Dさんとしておこう。

四年ほど前の夏、彼は祖父宅を整理するために中部地方の廃村を訪れていた。

Dさんの母親によれば、祖父という人はたいそう放蕩家《ほうとうか》であったらしく、若い時分は骨董にうつつを抜かし、得体の知れぬ品を目につく先から買い求めていたのだという。

多くはお祖父《じい》さんの死後に古物商が引き取っていったけれど、生家に行けばまだ幾つか残っているかもしれない──そんな母の言葉を聞いて、Dさんは「金目のものでもあれば儲けものだ」と、旅行がてらにやってきたわけである。

家屋を見るなり、彼はおのれの皮算用を後悔した。

幼いころ一度訪ねたきりだったが、当時の奥ゆかしい面影はみじんもない。目の前にあるのは、すべてを蔦《つた》と藪《やぶ》に覆われた朽ちかけのあばら家である。

帰るべきか否か悩んだものの、お宝への期待が撤退を押し留めた。

雑草で腕じゅうに切り傷をこしらえ、ズボンを青くさい汁で染めながら、ようやっと玄関まで辿り着く。歪んだ戸をがたがたと開けるなり、絶句した。

三和土《たたき》、廊下、大広間。いたるところに薄黄色の砂が積もっており、その上に碁石のような黒いかたまりが避けて歩けぬほど撒き散らされている。

目を凝らせば、石に見えたのはすべてカメムシの死骸だった。

干涸《ひか》らびているためか悪臭こそないものの、腹を見せて転がるカメムシはお世辞にも気持ちが良いものではない。さっさと各部屋を見まわり、早々に退散しようと決めた。

靴のまま廊下にあがって死骸を踏まぬよう慎重に歩く。風が強いのか、窓ガラスや屋根が軋む。裏手の竹藪がさらさらさら鳴る音が、やたらと耳についた。

穴ぼこの襖《ふすま》を開けて、玄関にいちばん近い広間へと踏みこむ。空気が動いたのか、窓から射しこむ陽光に砂埃がきらきら輝いている。

妙に美しい光景とは裏腹に、広間はひどいありさまだった。

紙屑や新聞紙、丸められた毛布などがあちこちに転がっている。素人目で見ても、高値がつきそうな品は皆無だった。気を取りなおし、祖父の部屋へ向かおうと廊下に戻る。

コの字型の住宅だから……玄関から反対側の廊下に抜ければ良いんだよな。

おぼろげな記憶をたよりに進めていた足が、止まる。

廊下のカメムシが——潰れていた。

一匹残らず、丁寧に踏み潰したかのごとく粉々になっていた。

よく見れば、床いちめん積もっていた砂も心なしか薄い。着物の裾でも引きずったように幅広の筋が続いている。

つまり、着物姿の誰かが此処《ここ》を歩いた——いま。

ぞくりと肌が粟立った瞬間、さらさらさら、と背後で音が聞こえた。

振り向く勇気はなかった。早足で玄関までまっすぐ進むと、そのまま家を飛びだした。
去り際にちらりと横目で確かめたが、家の周囲に竹藪らしきものは見あたらない。
あの音は竹の葉ではなかったのだ——再び鳥肌に震えながら、逃げ帰った。

「それから気になって、幽霊の足についていろいろ調べたわけです。だから、断言します。幽霊には足があるんですよ」

Dさんは自信ありげに頷いた。

祖父の家は、昨年の豪雨で半壊してしまったという。

今夏、解体に立ち会わなければいけないのが、いまから憂鬱でしょうがないそうだ。

くろまる

関西地方に暮らす男性が、およそ四十年前に体験した話である。

ある日、彼はガールフレンドを誘って夜の海へとドライブに出かけた。

埠頭に車を停め、シートを倒して良からぬ行為におよんでいると、ガールフレンドが突然、上に乗っている彼を突き飛ばした。

「おい、なんやねん」

ムッとしながら訊ねると、彼女はなにも言わずに自分の背後を指さした。

真っ白なシャツを着た男が、背伸びをして車内を覗きこんでいる。

男には、目鼻がなかった。

のっぺりした顔いちめん、穴らしき黒い丸がぼつぼつぼつぼつぼつ無数に空いている。

慌てて車をバックで発進させ、その場から逃げた。

帰り道で白い服の人間とすれ違うたび「あの男ではないか」と、身が強張《こわば》った。


彼女を送り、アパートへ戻ってきたのは明け方近く。

車を降りてすぐに、おや、と首をひねった。

いつもなら寝静まっているはずのアパートが、なんとなく騒々しい。見れば、自分の部屋の隣室から光が漏れており、ドアの前には見知らぬ青年が立っている。

「……おたく、誰やの？」

「あ、あの、先輩がちょっと真面目すぎる人で……僕、後輩なんやけど」

「はあ」

「部屋にふたりきりで居るの、ちょっと無理なんですわ」

支離滅裂な発言に耳を傾けるうち、青年がいうところの「先輩」とは、隣に住む大学生だと理解できた。挨拶程度の交流しかなかったが、そういえば、ここしばらく顔を見ていない気もする。

青年はなおも話し続けていた。どうやら、先輩が講義にもサークルの集まりにも姿を見せないため、今夜になって数名で部屋を訪ねてみたらしい。

「そしたら、先輩――」

そこで言葉を止め、自分の首を両手で締めるような仕草を見せた。

それ以上聞かずとも、なにが起こったのかは把握できる。

聞けばつい先ほど先輩を床に降ろし、仲間のひとりが公衆電話まで走ったばかりだという。携帯電話が登場する前の話、部屋に電話を引いていない学生も珍しくなかった。

「……ほんまに、死んどるんか」

なにができるわけでもないが、まんがいちにも息があっては大変である。なんとなく自室に戻るのもためらわれ、正直にいえば若干の好奇心も手伝って、男性は「ひとまず様子を見せてくれや」と、先輩の部屋のドアに手をかけた。

「あの、あの……あんまり怖いんで、目が合わんようにしてんのやけど」

「なんの話や、いいかげん落ち着けって」

「ほんまは白いのがええと思ったんですけど、見つからんので」

「なんやねん、もうええわ」

しどろもどろで弁明する青年を押しのけ、部屋に入る。

途端、叫んだ。

「あっ、これか！」

横たわっている男の顔には、黒い水玉模様のハンカチがかけられていたのである。

「でも、よう考えたら辻褄が合わんのですよね。だって、俺が海辺で顔のない男を見たときは、先輩はまだ《吊られっぱなし》だったわけでしょ。時間が前後してますやん。それにあの男が先輩だったとして、なんで親しくもない俺のところに出てきたのかも、ようわからんのですわ」

すべては不明のままである。

いまでも、男性は水玉模様が苦手だという。

あかまる

S美さんはアパート暮らしだった看護学生のころ、毎夜悪夢にうなされていた。

天井に張りついた血みどろの女が自分を睨みつけてくるという、いかにも「それっぽい」夢だったが、鳥を思わせる女の無機質な眼球や、べっこり窪《くぼ》んだ頬《ほお》がやけに生々しく、目が覚めるとぐったり疲れはてているのが常だった。

最初の悪夢から二週間が過ぎたころ、堪りかねた彼女は部屋のまんなかにプラスチックの衣装ケースを積み重ね、即席の足場をこしらえた。悪夢の原因は天井にあるとしか思えない。ならばそれを取り払えば良いだろうと考えたのである。

ケースにのぼり天井板を押しあげ、すきまに懐中電灯をねじこむ。首を伸ばして天井裏を覗きこむなり、無意識のうちに悲鳴をあげた。

懐中電灯が照らした先には、無数の赤い丸。梁や断熱材、吊り木にいたるまで、あらゆる箇所に使用済みの絆創膏が貼られていたのである。

引っ越す際、大家がなにも言わず敷金を返してくれたのが、唯一の救いだったという。


G君も専門学校生だった時分、不眠に悩まされていた。

毎夜きちんと眠気に襲われるのだが、いざ布団へ横になるとなかなか寝つけない。部屋に誰か居るような気がして一時間と経たずに目がさめてしまう——そんな日が続いていた。

あるとき、インターネットを閲覧していたところ「不眠の原因は畳かも?」と銘打たれた医療サイトの記事が目に留まった。なんでも古い畳はダニやカビの温床になっており、喘息やアレルギーで睡眠を妨げる場合があるらしい。畳を替えれば新しい人生が待ってます——記事はそんな明るい一行で終わっている。無責任な言葉だなと笑ってしまった。

しかし考えてみれば、たしかに自室の畳はコーラやスナック菓子のカスをこぼしたり、生乾きの洗濯物をそのまま置いたりと、お世辞にも清潔とは言いがたい。湿気の所為で一部が黒ずんでいるのも、前から気にはなっていた。

これは、畳替えをしてみるべきかもしれない——さっそく彼は不動産屋に連絡してみたが「入居なさる際にきちんと交換していますので」と、にべもない返事だった。かといって自費で畳を買う余裕などあるはずもない。

困ったすえ、G君は「裏表だけでも取り替えてみよう」と思い立つ。新品でなくとも砂糖やスナックの粉にまみれているよりはマシだろうと考えたのである。

帰宅するなりテーブルやテレビ台をどかして、畳のへりに手をかける。力まかせに持ちあげると、めりめりと音を立てて畳が浮いた。

「なにこれッ」

裏面いっぱいに大きな赤い丸が、はみださんばかりの大きさに描かれていた。

驚いてまじまじと眺めていたG君は、再び絶叫する。

巨大な丸ではなかった。

赤いペンで書いた小さな小さな文字が、寄せ書きのようにびっしりと集めって巨大な円を作っていたのである。

なにが書いてあるのかは読まなかった。読んではいけない予感があった。

とても住み続ける気になれず、親に金を借りて引っ越した。不動産屋に文句を言ったが「こちらでは知りません」の一点張りで、敷金は返ってこなかったという。

S美さんとG君それぞれが暮らしていたのは（いずれも関東ではあるが）まるで繋がりのない土地で、奇妙な体験をした時期にも大きな隔たりがある。つまり一見無関係のように思えるのだが、たったひとつだけ共通項がある。

ふたりは親子なのだ。これは、いったいどういうことなのだろうか。

あのこだけ

鮮魚店を営むK君は、霊感や霊視の類が苦手だという。

怖いのではない、嫌いなのだ。

「ウチ、十年前に親父が自殺してるんだよ。病気を苦に——ってありがちな理由でね。で、それを何処《どこ》で聞きつけてくるんだか、葬式の直後から《そういう人》がしょっちゅうウチに訪ねてくるようになってさあ」

お父さまがあなたへなにかを訴えています。

苦しそうな表情で、救いを求めています。

首が苦しいと、縄の跡を掻きむしっています。

訪れた「自称霊能者」たちは、いずれも上記のような脅し文句を口にして、やれお祓いを受けろ自分の組織に入信しろ御札を買え数珠を買え霊薬を買えと迫ってくるのだそうだ。

「全員叩きだしてやったよ。ひとりなんか殻つきのウニぶつけられて半泣きになってたな。まったく、どいつもこいつも嘘つきのニセモノばっかりだっての」


彼がそのように断罪するのも、れっきとした理由があるからだ。

死因が、間違っているのである。

「親父と同姓同名、漢字が一文字だけ違う男性が同時期に首吊ってんのよ。地位のある人で三面記事にも載ったらしくてね。連中、その男性の情報と親父をごっちゃにしてるんだな。そもそもの話、親父が苦しそうな表情なんてできるはずがないんだもの」

猟銃で顔面吹っ飛ばして死んだんだから。


「あ、でも」

なにかを思いだし、彼が手をぽんと打った。

「去年、ウチの前をお母さんと一緒に歩いてた女の子。あの子だけは信じるわ。だってさ、いきなり店の奥を指して〝やさしいア■■ンマンがいるよッ〟って叫ぶんだもの」

女児が示した位置は、まさしくK君の父親が命を絶った場所だった。

「たしかに親父の死にざまは、頭かじられたア[redacted]ンマンにそっくりだったもんなあ。いやさすがにホンモノは上手いこと言うもんだと感心したよ

また女児に会ったら詳しく聞きたいと思っているものの、母親がK君の店を避けているらしく、いまだ再会は果たしていないそうである。

三

Aさんの話である。

六歳のころ、不在配達で預かっていた荷物を近所の家へと届けに行った。

呼び鈴を押すと、その家の婦人が姿を見せた。普段からAさんを可愛がってくれる、優しい女性だった。

「あらまあ、わざわざありがとね。頂き物のメロンがあるけど、一切れいかがかしら」

いつもどおりの優しい言葉に、元気よく「はい」と答えた——つもりだった。

「けっこうです。食べたら死ぬので」

ぽかんとしている婦人を置き去りに踵をかえす。なぜそんな言葉が口をついたのか、自分でもまるでわからなかった。

戸惑いながら門柱を通過する——直後、背後で空気が震えるほどの轟音が響いた。

もうもうとあがる砂煙のなかに、真っ赤な車とひしゃげた屋根が見える。

夜のニュースで、ハンドル操作を誤った大型トラックが玄関先に突っこんだと知る。

婦人は車と自宅の柱に胴を挟まれ、三日後に集中治療室で亡くなったという。

三

Bさんの話である。

やはり六歳になったばかりの秋、ふいに隣の家を訪ねた。

「はつもの、でえす。はつもの、でえす」

大声で叫びながら、玄関の引き戸を勢いよく開ける。なにごとかと驚く住人の前で「はつもの、でえす」と連呼し、彼女はすたすた帰っていったらしい。

らしい――とわざわざ記したのは、Bさん自身にまるでその記憶がないからである。

夕方、回覧板を受け取りに行った母親が「お隣の奥さんが〝初物だなんて難しい言葉を知ってるのね、将来の夢は魚屋さんかしら〟と言ってたわよ」と教えてくれたのだ。

そんな言葉は知らなかった。聞いたこともなかった。

翌朝、隣家の前に救急車とパトカーが停まる。

その家の主人による無理心中。

借金を苦にしての凶行で、実の母親は絞殺。妻は出刃包丁で喉のまんなかをきれいに丸く抉《えぐ》られていたと、警官の伯父がわざわざ教えてくれた。

「そりゃ、死は誰にとっても初物だよなあ」

葬儀のあとに父親が漏らしたひとことだけは、いまでも強烈に憶えているそうだ。

Cさんという女性の話。

こちらも六歳の時分とおぼしいが、例によって本人の記憶があやふやなので、詳細は不明である。

母親と病院行きのバスに乗っていると、ふいにCさんが立ちあがり、後部に向かってとことこ歩いていく。数名の乗客が見守るなか、彼女は最後列の長椅子に腰かけている老婦人の前で止まり、「ひろって」と抑揚のない口調で言った。

「お嬢ちゃん、なんのことかしら」

微笑ましげに老婦人が返事をした瞬間、ぱらぱらぱらっと雨が屋根を叩くような音が車内に響いた。老婦人が手首に巻いていた数珠が、突然ぶつりと切れたのである。

もちろん、Cさんがちぎったわけではない。

「あ、ありがとうね……お嬢ちゃん」

バスの床に転がる玉を拾い集めながら、老婦人が礼を述べる。その様子をじっと見ていたCさんが、おもむろに口を開いた。

「このひと、あしたでおしまい」

老婦人は青い顔でバスを降りていったそうだが、すべては母親がのちに教えてくれた話なので、彼女自身は何度聞いても、まったく実感がないそうだ。


最後に、Dさんの話をしておこう。

ある日、家までの道を歩いているとふいに呼び止められた。

声をかけてきたのは見知らぬ中年の女である。顔はよく憶えていない。ブラウスから覗く首まわりについた、輪のような痛々しい傷跡は強烈に記憶しているという。

「あなたの子、苦労するかもしれないね」

女の言葉に、どきりとする。

たしかにそのときDさんは妊娠していた。現に、いまも産婦人科で定期検診を受けた帰りである。しかしまだ妊娠四ヶ月目、お腹はまだ目立つような状態ではない。

絶句する彼女をよそに、中年女性は「七つまでだから」と微笑み、去っていった。
以降、何度となくその道をとおったが、女性と遭遇することは二度となかった。
ちなみにDさんは、先述のAさんBさんCさん、三つ子姉妹の母親である。

ともだち

去年の話だと聞いている。

ある女性が三歳半になる長男を連れて、隣町にある公園へと遊びに出かけた。大きい滑り台や浅瀬の噴水など遊具が豊富なため、いつも若い母親でにぎわっている公園である。彼女も何度か訪れているが、いつでも遊具は順番待ちが常だった。

ところが、今日はどこにも親子連れの姿がない。それどころか人影すら見あたらず、広々とした公園に自分と息子しかいないというありさまである。もっとも女性はあまり気に留めず「近くでなにか行事でもあるのかな」と思っていた。

はじめのうち、息子は砂場でどろどろになりながら山や城を作っていたが、しばらくすると飽きたのか、スコップを放りだしてトンネルのような遊具に駆けだしていった。

あそこならば落ちて怪我をすることもあるまい。しばしの自由を逃すまいと、彼女はスマートフォンに目を落とし、友人に連絡を取っていたという。

ふいに画面が陰った。

顔をあげると、いつのまにか息子が目の前に立っている。

「あのねえ、おともだちがいたよ。おめめ、あおいんだよ。すごくあおいんだよ」

息子はよほど驚いたのか、身振り手振りを交えて興奮ぎみに声をあげている。

そういえば、この子は外国人の友だちがいなかったな。国際交流が重要なこれからの時代、多様な人が存在すると知るのも悪くない経験だろう。

「ママもご挨拶したいな。お友だち、何処にいるの」

つとめて明るく訊ねると、息子はもじもじしながらトンネルを指さした。

一見したかぎり、人の姿は見えない。穴のなかで遊んでいるのだろうか。

ポケットにスマートフォンをしまい、遊具へと近づいた。

身を屈めてトンネルを覗く。なるほど、子供がひとり、こちらにお尻を向けている。

「こんにちは。ねえ、お母さんはどこ……」

呼びかけたと同時に、その子がくるりとこちらを向いた。

たしかに、青い目の子供だった。

白目の部分が真っ青に光っていた。

女性が腰をぬかしているあいだに、青い目の子はバタバタバタバタバタッと四つん這いでトンネルの向こう側へ消えてしまった。

すぐに息子のもとへ走り、抱きかかえて公園から逃げた。

「帰宅してから〝もしかして、なにかの病気だったのかな〟って反省したんですけど、よく考えたら……人間の眼って暗がりで光ったりしませんよね」

その子の異様に細くて長い指を、いまでも強烈に憶えているという。

お相撲さんホテル

Bさんは、四歳になる娘さんをマイカーで保育園へ送っている。毎朝の日課である。迎えは妻に頼んでおり、加えて自身の帰宅時間はたいてい深夜なので、朝のひとときは我が子と触れあえる貴重な時間なのだという。

およそ十五分の道中、娘とはいろいろな話をする。保育園での出来事、テレビ電話でおばあちゃんと通話した内容、はてはお気に入りアニメのあらすじや、最近ニンジンが食べられるようになったことまで。楽しいお喋りは、いっかな止まる気配がない。

しかし、娘さんはある場所——バイパス脇に建つラブホテル前を通過する瞬間だけ、かならず会話をぴたりとやめて窓の外を凝視する。

西洋の古城を安っぽくしたような外観のホテルは、昼日中でも毒々しい色のネオンが灯っており、お世辞にも趣味が良いとはいえない造りである。だが、幼な子にはどうも遊園地のように映るらしく、前をとおるたび「ここいいねえ、ここいいねえ」と溜息を吐いている。

とはいえ、あまり正直に解説するわけにもいかない。よしんばおなじクラスの園児に娘がしたり顔で話し、それが保母さんや親御さんの耳にでも入った日にはあらぬ誤解を受けかねない。そんなわけでBさんは、いつも適当に返事をするのが常だった。


ところがある日、娘の言葉に変化があらわれた。

ホテルの前をとおると「あそこね、お相撲さんがいるんだよ」と、嬉しそうに言う。

「ママと帰るときね、女のお相撲さんがいたんだよ」

もしかして裸の女性でも見たのだろうか。たとえば、利用者が部屋の窓を開けているところを目撃したとか――彼はひそかに狼狽する。子供が目にして良いものではない。さりとて、いたずらに「見ちゃダメだよ」などと叱りつければ、娘は混乱するだろう。まずは妻に相談しよう。場合によっては通園ルートの変更や、保育園への注意喚起も必要かもしれない。

「あそこにいたんだよ」と指さす娘さんへ、それとなく別の話題を振る。

その朝は、それで終いになった。

数日後、帰宅すると妻が憂鬱な表情でリビングに座っている。

「あのさ……この前、ラブホテルの話してたでしょ」

スーツを脱ぎながら「ああ」と返事をする彼に、妻が「聞いたの」とつぶやいた。

「なにを」

「あそこのこと、訊ねてみたのよ」

Bさんから相談を受けた翌日、彼の妻はさっそく仲の良いママ友へラブホテルの件を打ち明けたのだという。

「え、あそこの窓、開かないよ」

たまに夫以外の人と利用しているのだ——バツが悪そうに前置きしてから、ママ友は防犯上の理由から窓にはすべて目張りが施され、内側から開けることはできないのだと教えてくれたらしい。

「じゃあ、なにかの見間違いか。それともお前、あそこがどんな場所かをあの子に……」

「言うわけないでしょ。ねえ、話はそれだけじゃないの」

ママ友は、自身の不貞を「あそこ……いろいろあって安いからさ」とよくわからない理屈で弁明したのだそうだ。

「もう十年以上前だけどね、あのホテルで派手な刃傷沙汰があったの。別れ話だったかゆきずりだったか知らないけど、とにかく女の人が襲われちゃって。全身をずたずたに斬られた状態で、部屋から逃げだしてるのよ」

犯人の男はその場から逃走したものの数日後に逮捕。被害者の女性は、結局敷地内の駐車場で失血死したはずだ……ママ友の解説を、妻は震えながらくりかえした。

それを聞いて、Bさんはふと思いだした。

「女のお相撲さん」について語る娘は、ホテル自体には目もくれず、その脇の空き地を凝視していた記憶がある。

そのときは話の中身に気を取られ、深く考えなかったが。

車がほとんど停まっていない所為《せい》で、気づかなかったが。

もしや、あそこは駐車場ではないのか。

その女が息絶えた場所なのではないか。

Bさんは翌日から通園ルートを変えた。
それから一年半が過ぎたいまも、娘はときおり「女のお相撲さん」の話を口にする。
あそこに行きたい、お相撲さんに会いたいと駄々をこねる。

あかへび

子供にちなんだ話があいかわらず豊作のいっぽう、ここ一、二年は、デイサービスや特養ホームなどに勤務する人物から怪談を拝聴する機会が増えた。

高齢者が増加の一途をたどる当世、単純に母数が増えたから採話も増えたのか。それとも現象そのものが数を増しているのか。いずれにせよ時代を反映した傾向といえるだろう。

以下の話も、高齢者介護施設に勤務するＤ子さんからうかがったものである。

彼女の働く施設では「その手の話は珍しくない」のだそうだ。

「あ、別に〝死が近いから〟なんてもっともらしい理由ではないですよ。入所者のなかには《せん妄状態》に陥るかたも一定数いらっしゃるんです。妙なものが見えたり聞こえたり、あとは記憶が混濁するのか、幼なじみがそばにいると言いだす場合もあります。詳しく話を聞くと、その幼なじみのかたは数十年前に死んでたりするんですけど」

多くはこまめに時間や日にちを伝えたり、定期的にビタミンを投与することで改善されるのだが、あきらかに「あ、本物だ」と思う事例もあるらしい。

「八十八になるお婆さんがいましてね。普段はほぼ一日眠りっぱなしなんですが、その日はガバッと目を見開いて〝赤い蛇がくるぞおっ〟って叫んだんです」

もちろん、蛇など部屋の何処にもいない。

Dさんは仰々しく捜索する仕草を見せて「もう逃げたみたいよ」と言ったが、お婆さんはまるで納得しない。

「まだ居る、ほら、近づいてきてるぅ」

壁を凝視しながら、延々とわめき続けた。

翌日、朝礼での申し送り（前日起こった出来事を報告し、情報を共有する作業）の際に、彼女は「お婆さんの蛇」の件をほかの職員に知らせた。

「あ、それアタシのときにもありましたね。義理の娘さんがいらっしゃった日だったかな」

ひとりの職員が手をあげる。すると別なひとりが、

「……蛇の話、私も聞いてます。おなじく、娘さんが来所する直前でした」

結果、その場にいた職員十一名のうち六名が同様の体験をしていることがわかった。

いずれも「蛇が居る」と騒ぎだすのは、義理の娘が訪ねてくる直前だという事実も判明した。

「でも、お婆さんの部屋は駐車場の逆側なので、誰が来所したかは見えないはずなんです」

蛇騒動は、二年後にお婆さんが亡くなるまで続いた。

一度もはずれることなく、義理の娘がくる日であったという。

お婆さんが逝去したのち、遺産の大半を義理の娘が使いこんでいたらしいと施設の主任から聞かされた。

「あの娘さんが蛇だったのかもね」と、しばらく語り草になったそうである。

しらせ

「看護師なんてやってると、テレビドラマがじれったくてね」

総合病院に勤めるSさんは、そう言って顔をしかめた。

「ドラマの《病院もの》って患者さんの生き死にで二ヶ月も三ヶ月も引っ張るでしょ。見てるうちにイライラして、思わず〝こっちはそれを早送りで毎日やってんだよ〟ってテレビに向かって叫んじゃうの」

そう、彼女らにとって人の死は日常茶飯事。ゆえに、幽霊など怖がっているヒマなどない——と、Sさんは笑う。

「じゃあ、〝妙なことは起こらないのか〟って言われたら……起こるんだけどね」

もっとも顕著なのは、ナースコール。

入院患者のいない空っぽの病室から、深夜に呼び出しブザーが鳴るのだという。

きまって、一週間以内に患者が亡くなった部屋である。

「新人のころはさすがにギョッとしたけど、一年もすると〝あ、またか〟でオシマイ。徘徊してる患者さんがブザーを押してる場合もあるから、一応は巡回するけど……まあ九割は無人よね。真っ暗な部屋に、もわあん、と湿っぽい気配が漂っているだけ」

彼女ほどの手練れになれば笑って済ませられるが、新米看護師が一緒の場合はそうもいかない。

ある冬の真夜中、例によって無人の部屋から五分おきにナースコールが響いた。

三日前に老人が逝ったばかりの部屋であったという。

「生前から、ことあるごとナースを呼びつけるおじいちゃんでね。私なんかは〝あら、死んでも甘えん坊ねえ〟なんて微笑ましく思ってたけど、夜勤の同僚が一年目の子で、すっかり青くなっちゃって」

このままでは、ほかの業務にも支障をきたしかねない。そこでSさんは部屋に赴き、ベッド脇に据えられている呼び出し用ブザーから電池をひっこ抜いた。

「はいオッケー、これでもう大丈夫よ」

ナースルームに戻り、未だ顔面蒼白の新米に告げる。けれども、彼女は安堵の表情を浮かべなかった。返事の代わりに、無言でSさんの背後を指さした。

「なによ、言いたいことがあるならはっきり……」

促されて振り向いた先――ナースルーム受付に据えられた大きなガラスの向こうに、《縦横比の狂った人影》が立っていた。

異様なほど縦長ではあったが、顔はたしかにあの部屋の老人だった。

「二、三秒で、炭に水をかけたみたいにジュッて消えちゃったんだけどね。あれはさすがにゾクッとしたかな」


「まあ、でも基本的には怖いよりも悲しい……いや、優しい体験のほうが多いよね」

そう言いながらSさんは、カバンにつけているアニメキャラクターのキーホルダーにそっと触れた。小児科病棟を受け持っていた十年以上前、七歳の少年からプレゼントされたものだという。

「ボタンを押すと目が光る仕組みなんだけど、とっくに電池は切れているはずなのに、いまも光るんだよね。あの子が〝元気だよ〟って知らせてくれてるんだと思う」

キーホルダーが光るのは、きまって年に一度。

その子の命日だそうだ。

「こういうことがたまにあるからさ、《早送りのドラマ》のなかでも、なんとかやっていけるんだよね」

静かに呟いてから、彼女は再びキーホルダーを優しく撫でた。

鞣《なめす》

おなじ「師」のつく職業でも、Aさんは看護師ではない。

彼は緊縛師、すなわちSMプレイなどの際に人間を縛りあげる《専門家》なのだ。

「素人さんは矛盾しているように思うかもしれませんが」

前置きしてから、Aさんは自らを〝痛くないように痛くするプロ〟だと名乗った。

彼いわく、人を縛る麻縄というのは毛羽立っているため、そのまま使用すると非常に痛いのだという。肌が弱い人はすぐにかぶれ、ひどいときには出血してしまうらしい。

「そもそも人間を縛るために作られていませんので、当然といえば当然なんですがね。こちらも客商売ですので、お客さんが不快にならないよう工夫するわけです」

そのためには、プレイ前にどれだけ丁寧なメンテナンスをするかが重要なのだという。どんな世界でも段取り八分、事前準備が成果を決定づけるらしい。

その日、彼はある人物から依頼を受けて《出張》に赴いていた。

「AV撮影やショーでの緊縛以外に、最近は一般の方から来てほしいとお願いされる機会が多くなりましたね。個人向けワークショップのようなものです」

訪れたのは、関東圏にある高級マンション。仲介者からは「夫婦生活がマンネリになってきたので、新たな刺激がほしいそうだ」とだけ聞かされていた。

出迎えてくれた男性は五十を過ぎているとおぼしかった。実業家との話だったが、恰幅の良い腹まわりと剃りあがった禿頭が異様な威圧感を醸しだしている。対する妻は見るからに若い。すこし化粧を変えれば、大学生でも通じそうに思えた。会話の端々でどうやら後妻らしいと知れたが、Aさんはとりたてて追及しなかったという。

「ヨソの家のことですし、こういう商売をやっているといろんな人に会いますから。こっちは粛々《しゅくしゅく》とこなすだけです」

《会場》の、広々とした寝室で支度をはじめる。粗相《そそう》したときのためにブルーシートを床に敷き、寝具もビニールをかけた。夫はいかにも興味深げに準備を眺めていたが、妻は笑みをたたえているばかりで、特に反応がない。

緊張しているのだろうか——。

顧客の精神状態はプレイ内容を大きく左右する。あまり不安が強い状態で緊縛を施すと、人によってはパニック状態に陥ることもある。場の空気を和らげておいたほうが良いかと、Aさんは鞄から麻縄を取りだし、おだやかな口調で解説をはじめた。

「こちらは新品ですが、念のために煮沸しています。ですが、皆さんに気持ちよく痛がってもらうために、もうひとつ大事な工程があるんですよ」

気持ちよく痛がって——のくだりで、多くの客はその矛盾に笑う。しかし、今回の夫妻は無反応だった。気を取りなおし、馬から抽出した「馬油」を麻縄へと塗りこんでいく。皮革製品を作る際におこなうのと同一の作業である。

「この《なめし》をするとしないとでは、プレイに雲泥の差がでます」

「そうなのお」

「ええ、縄自体がほどよく締まるので、こちらも扱いやすくなるんです」

「へえええ」

興味を持ちはじめたのか、妻が感嘆とも納得ともつかぬ声を漏らしている。薄いながらもリアクションが出てきたことに手応えを感じつつ、Aさんは汗だくで縄をこそぎ続けた。

「さあ、滑らかになってきました。これなら、はじめての方でも問題なく」

「ちがうよお」

予想外な妻の言葉に、はっとして顔をあげる。

妻ではなかった。

微笑む夫妻の背後に、女が浮いていた。

足が、振り子時計のように左右へぶらぶら揺れていた。

「はぢめてぢゃないよお」

絞りあげるような声は、どうやら夫妻には聞こえていないようだった。

「プレイを開始するころになると、首吊り女はすでに消えていたんですが……いつまた出てくるかと気が気じゃありませんでした。なんとなく……あれは前妻さんじゃないかって気がするんですよ。旦那さん、すべてを知ったうえで緊縛を依頼したような気がするんですよ。いや、あくまで勘ですし、その理由なんて知りたいとも思いませんけど」

後妻さん、無事だと良いんですがね。

ていうかあの人、本当に後妻さんだったんですかね。

独りごとのようにAさんは漏らした。

くだんの夫妻からはすぐに法人名義で謝金が振りこまれたが、その後の連絡はない。

忌祷

木藤《きとう》さんは祈祷師だった。駄洒落《だじゃれ》ではない。本名なのである。

「いや、洒落ですよ。〝祈祷師のキトウです〟っていうのが、私の持ちネタでしたからね。フランクなノリで相談者さんの緊張がほぐれたところで、エイヤッと祈祷をおこなう。そのギャップで、相手はコロッといくわけですよ」

本人が言うとおり、彼は一般の人々が抱く《その手の人》とはずいぶん印象がかけ離れている。事実、祈祷師を名乗ってはいるものの、木藤さんは出家しているわけでも、何処ぞの神主を勤めているわけでもない。深山幽谷で修行したこともなければ霊験も積んでおらず、つけ加えるならば法螺《ほら》貝もまともに吹けない。

では、そのような人間がいかにしてこのように特殊な仕事を志したかといえば――。

「セミナーですよ、自己啓発セミナー。新卒で入った会社を辞めてブラブラしてたとき、知り合いに誘われて集まりに参加、要はカモだったわけです。でも、話を聞いているうちに〝これ、儲かる〟と気づきましてね。試行錯誤のすえ、祈祷師を名乗ることにしたんです」

動機からして不純としか言いようがないのだから、祈祷そのものも信心と無縁の代物、真言だの法華経だの御詠歌だのをでたらめに繋ぎあわせて、適当にこしらえたのだそうだ。でも、そのぶん祭壇や護摩壇など《演出》は凝りました——と、本人は胸を張っているが。

「そういう飾りが意外と効くんですよ。肝心なのは、相手に信じさせることですから。まあ、やることは《コールド・リーディング》っていう古典的な誘導尋問なんですが、これがまた効果抜群でしてね。やっぱり伝統に裏打ちされたものは強いんですねえ」

相談内容も拝聴したが、個人情報などを鑑《かんが》みて、ここで詳しく語ることは避けたい。あえて個人的な感想を述べるならば「不幸をダシにした狡猾な脅迫」という言葉になるだろうか。ともあれ一時期は月収が三桁を下らなかったというから、ある意味で才能があったのだろう。

さて、冒頭で述べたとおり、彼は祈祷師だった——そう、過去形である。すでに廃業し、現在は非正規ながらも一般職に就いている。月に百万円以上も儲かっていながら、どうして祈祷師を辞めてしまったのか。当然の疑問を訊ねると、木藤さんはひと呼吸置いてから答えた。

「ミキサーなんです」

その日は、午前に二件、午後に四件の祈祷をおこなう「大入りデー」だった。心根を病んでいるとおぼしき女性に九字を切り、親族の死で動揺する男性へ印を結ぶ。甚大な災害に見舞われた人物には、特別な香木を特別な値段で「お譲り」したという。毎日このくらいジャンジャン来てくれたら、来年には家が建つんだけどなあ。思った以上の「日当」に、足取りも軽く帰宅する。手にした高級スーパーの紙袋には値の張る地ビールと、愛猫用のマグロが入っていた。

「当時、ウチのピッピちゃんはまだ生後三ヶ月、言葉どおりの猫可愛がりでしたねえ。貯金とアイツだけが生き甲斐みたいなもんでした」

まとわりつく飼い猫を連れて台所へ向かうと木藤さんはマグロをパックから取りだし、

「そのままでは幼猫には食べづらかろう」と、ミキサーにぶちこんだ。

餌の準備を進めるあいだにも、愛猫は急《せ》かすように彼の足へ頭をこすりつけてくる。

その愛らしい仕草に頬を緩め、喃語《なんご》で呼びかけながら視線を足もとに移した。

「もうちょっと待ってなちゃい。おいちいマグロちゃんを、いま粉々に……」

足もとは、空っぽだった。

「えっ」

思わず声をあげて周囲を見まわす。次の瞬間、彼はさらに大きく「えっ」と叫んだ。

愛猫がミキサー瓶にみっちり押しこまれて、みぃみぃと鳴いていた。

ガラスに貼りついた肉球。苦しそうにあえぐ顔。下半身の毛は真っ赤に染まっていた。

「そのころのピッピちゃんは、ミキサーを置いている台まではあがれませんし、それ以前にミキサーには蓋をしていたんです。わずか数秒で蓋を開けて入りこむなんて不可能ですよ」

幸い、飼い猫はミキサーの刃で肌をわずかに出血した以外は無傷だった。毛が赤くなっていたのは、マグロの血汁が付着しただけだった。

もしも、あのままボタンを押していたら。

その光景を想像した瞬間「これは警告だ」と確信する。二度目はない。次こそは愛猫——もしくは自分が、粉々に。

結果、その日かぎりで彼は祈祷師の看板を下ろしたというわけである。

「後悔はありませんね。あのまま大金を稼いでいたとしても、良い結果にはならなかったと思います。人間、やっぱり実直がいちばんですよ。ただ……ひとつだけ残念なのは」

祈祷師のキトウって洒落が、もう使えないことですかね。

木藤さんが大口を開けて笑う。

彼の膝に乗っていたピッピちゃんが、呆れたように、なあ、と鳴いた。

忌宅

ある女性が、子供のときの話。

ひとり留守番をしていると、玄関で「アーイラー」と妙な声がした。くぐもって聴きとりにくいが、家族のそれではない。

「誰だろう」と思い、茶の間から首を伸ばして玄関をたしかめると、無人の上がり框でまた「アーイラー」と聞こえた。細い女の声だった。

驚きはしたが、怖さは感じなかった。むしろ、漫画に出てくる中国人の科白のようで可笑《おか》しかったのだ——と、その人はいう。

意味不明な言葉を耳にしたところでそれ以上どうしようもない。興味が失せ、彼女はテレビを観はじめた。そのあいだにも「アーイラー」は何度か聞こえていた。

まもなく母親が帰宅すると、声はぷっつり止んだという。

しばらく経ったある夕方、茶の間で寝転んでいると、再び「アーイラー」と玄関から呼びかけられた。やはり、家には自分ひとりである。

二度目ということもあり驚きは薄かった。

「はいはい。アーイラーね、アーイラー」

適当に復唱しながら菓子盆に手を伸ばす。そこで、気がついた。

アーイラーではない。

あれは「ただいまあ」だ。

瞬間、誰かが笑いながら二階へ乱暴に駆けあがっていった。

一時間後、帰宅した母親に確認してもらったが、二階に人の姿は見あたらなかった。何者かが侵入した形跡も、まるでなかったという。

それから、およそ三十年。

女性は成人後に他県へ嫁いだものの、ほどなく離婚。現在は娘さんと母親の三人で、実家に暮らしている。
先日、娘さんが皿洗いを手伝いながら「そういえば、変な人がきたよ」と言った。
「あいやあ、あいやあ、って言ってるの。外国の人かな」
鳥肌をそっと隠し、そうねえ、とだけ答えた。
あれ、いまも帰ってきているんでしょうね。
彼女は、そう言って話を締めくくった。

奇録、あるいは忌録

取材ノートやメモ帳を見かえしていると「これはいったい誰から聞いたのだっけ」と首をひねるような話が、一冊につき一、二話はかならず出てくる。

多くは悪筆に拍車のかかった殴り書きで、よほど急いで記したものらしい。基本的に聞いた日時や場所は記録しているのだが、殴り書きにはそれらしき記述がない。

また「話すのは構わないが、公表してほしくない」という場合は、その旨をかならず書き添えている。にもかかわらず、そういった注釈も見あたらない。

たまさか居合わせた人物から慌てて拝聴することもあるし、突然かかってきた電話の中身を急いで書き留めることもある。だから殴り書きにも一応の理屈はつくのだけど、「それにしても、なぜ忘れていたのだろう」と首をひねるほど興味深い話も多い。

このままではやがて私自身が判読できなくなってしまう（実際、自分の書いた文字が読めずにお蔵入りになった話はある。怪異ではなく、単純に生来の悪筆が原因である）可能性もあるから、この機会にまとめて掲載しておきたいと思う。

殴り書きゆえ、詳細のおぼつかぬ箇所が散見されるのをあらかじめご寛恕願いたい。


老人ホームに勤務する女性。春先の話。

寝たきりの[redacted]さん（男性の名とおぼしい）という入所者がいる。ある日、彼の両手の指が泥だらけになっていた。虐待ではと疑ったが、そのようなことをする職員はおらず、なにより秒単位で忙しく、わざわざ泥を握らせるような暇などない。

未解決のまま数日が経ったある朝、別な入所者の車椅子を押しながらホームの周囲を散歩していると、裏庭になにかを掘りかえしたような跡を見つけた。

小山になっている土は、[redacted]さんの指についていた泥の色とたいそう似ている。どうにも気になり、車椅子の入所者をいったん部屋に戻してから若い職員へ声をかけ、スコップで穴をさらに掘ってもらった。

すると、三十センチほどの木片が出てきた。

顔がえぐれている木彫りの仏像だった。

[redacted]さんは、その翌日に亡くなった。


旅行会社勤務。添乗員の資格を持っている。

熊本[redacted]（塗りつぶした跡あり、ホテル名と思われる）では、かならずリモコンが消える。一度や二度ではない。盗んでどうなるものでもないので、従業員や清掃の人も首をかしげている。

また、このホテルは「勝手に部屋に従業員が入った」というクレームが異様に多い。具体的には「外出から帰ってきたらテレビが勝手に点いていた」という内容がいちばん多く、次いで「制服を着た[redacted]が部屋から出ていくのを見た」との文句がある。

目撃された[redacted]は臙脂色だが、それはかなり古い時代のものだという。

あとは盛岡のホテル（ここで文字は途切れている）

男性、Y市でパンを運送していた経験がある。

市内の学校や病院にある購買部へ、トラックでパンを届けるのが仕事である。

そのうちのひとつ——市内にある病院には、夕方のうちに翌朝売るパンをあらかじめ届けることになっていた。早めに買いにくる患者さんが多いらしい。

冬の午後六時ころ、すっかり暗くなった病院の廊下を、番重（パン類を入れる箱）を抱えて購買部まで運んでいると、目の前に「白・紺・白」の三色が上下に並んだ、輪郭のぼんやりとしている四角形があらわれた。

どこかの国旗を九十度回転させた、もしくはジーンズを挟んだサンドイッチのような形状だった。戸惑っているうちにサンドイッチの三色旗は消えた。そのときは「なにか見間違えたのかな」と気にも留めなかった。

しかし、「三色旗」はその後も何度か出現する。

すでに日が落ちている時刻か、曇りがちの薄暗い時間にあらわれるのが常だった。

人間の姿形であれば怖かったかもしれないが、なにせ相手はぼやけた旗であるから、恐れようもない。あまり気にせぬまま日々を過ごしていた。

あるとき、[redacted]（判読できず）の集まりでこの話を披露した。笑ってくれると思ってのことだった。ところが仲間のひとりが「どんな色だっけ」「輪郭はぼんやりとしているんだよな」などと、やけにしつこく訊いてくる。

「長いつきあいだが、旗好きとは知らなかった」

酒の勢いにまかせて軽口を叩いた。

相手はにこりともせずに盃を口へ近づけていたが、おもむろに、

「それ、看護婦の服装じゃないか。白い制帽に紺のカーディガン、白いスカートだろ」

と、言った。

その後、一度だけ「三色旗」に遭遇したが（以降、文字がにじんでおり判読できず）きっかけでパン屋を辞めた。


（男性か女性か不明）

三十五歳、レンタル倉庫を借りている。四階の[redacted]号室。

マンション風の建物に部屋がびっしりならんでいるタイプ。蛍光灯がひとつあるだけの狭い空間で、安いのは助かるが、利用者はあまり多くないような雰囲気である。

自分はネットで売るためのゴルフクラブやオーディオアンプなどを置いており、週に一度か二度、品物を出し入れするために、仕事を終えてから倉庫へ行く。ある日、いつものように倉庫で品出しをしていると、壁伝いに隣から歌声が聞こえてきた。そのときは「隣の倉庫を借りている人かな」程度に思っていた。

作業を終え、真っ暗な廊下に出て気がついた。

各階の入口はオートロックになっており、暗証番号を打ちこまないと入室できない。その際には電子音が鳴る。だが、今日はその音を聞いていない。

うわ、と思った直後、廊下のつきあたりにあるエレベーターが開いた。なかは無人である。ぎょっとした直後、歌が急に大きくなった。このままでは隣室のドアが開く。気づいたときにはすでに階段へ駆けだしていた。

以来、たまに歌声が聞こえる。ぜひ一度見に行ってほしい。暗証番号を押せば誰でも入れるから。[redacted]（暗証番号らしき数字の羅列、ここだけ赤字で記されている）

サラリーマン、転職活動中。

なじみの居酒屋、[redacted]通りの雑居ビルの三階にある。健康を考えれば階段を使うべきなのだが、ついつい億劫でエレベーターに乗ってしまう。

実は、階段が陰気くさいのもエレベーターを使う理由のひとつ。好天でも湿っぽく、ドブネズミがよく死んでいる。死骸に画鋲が刺さっていることもあって気持ちが悪い。

生ビールが安いので足繁くかよっていたが、この前、会社帰りに寄ったところ、エレベーターに「入店、お寺に行かれた方はご遠慮ください」（原文ママ）とだけ書かれた張り紙が、ドア以外の三面に掲示されていた。店の名前は何処にもなかった。

居酒屋の旦那に聞いたけれど、あまり話したがらない。二階にあるスナックのママも顔なじみだが、張り紙の話をしたら聞こえないふりをされた。直後にカラオケの機械が突然故障したため、ママはそちらにかかりっきりで、もう相手をしてくれなかった。

翌週、会社の先輩に張り紙のことを教えたら「口にだして読んじゃ駄目だぞ」と釘を刺された。理由は知らなくて良いからと、その後はなにも教えてくれない。

父はそのせいで死にました　田村のおじさんも死に

きのお家から出てゆきました　本当は言わないが吉だった　でも言っちゃったので
たぶんそちらに行く（ノートの最後のページに、紫色のペンで書かれていた言葉。あきらかに私の筆跡ではない）

むすんでひらいて

Ｚさんの実家には、一体の人形が飾られていた。少女を象《かたど》った陶製の人形、いわゆるビスクドールである。

ところがこのビスクドール、いつから在ったものか母親も知らないらしい。

母親は、Ｚさんが乳飲み子のころに亡くなった父親が出張のおりに買ってきたのではないか、と言っていたが、さらに話を聞くと、どうやら父という人は、そのような気の利いたことが不得手な人物でもあったらしい。

仮に父親が購入したのだとしても、なぜそのときにかぎってそんな真似をしたのか。しかも、けっして安いとはいえないビスクドールを選んだのか。

誰もわからなかった。

不思議なのはそれだけではない。

このビスクドール、いつのまにか手の形が変わるのだという。

普段は指を半開きにした状態なのだが、ときおり拳《こぶし》が握られているのを家族の誰かが発見する。

そして、人形が指を結んだ次の年には、かならず家族が不幸に見舞われる。

最初に発見したときは弟が交通事故で入院した。二人乗りをしていた自転車の後輪に足を巻きこまれるという大怪我だった。

二度目に握り拳を見つけた翌年は、母親の実家が火事で全焼した。煙を吸った祖母は一酸化炭素中毒になり、その後遺症がもとで数週間後に亡くなった。

三度目は、母親。強風で落下した庇《ひさし》で顔面を負傷し、左目の視力を失っている。

四度目のときはZさんが駅の階段から転げ落ちて両足と鎖骨《さこつ》を折り、顔にも消えない傷が残った。

母親が失明した際、Zさんはお祓いに行くか人形を棄てようと提案している。

しかし当の母は「手を握っているのは危険を知らせている合図だから、悪いものではない」と言い張り、頑なに処分を拒んだ。
父親との思い出の品であることを考えると、それ以上は強く言えなかった。
今春、婚約者を連れて帰省したZさんは、二年越しで人形と再会している。
久しぶりに見たビスクドールは、手が壊れていた。
まるで力いっぱい握ったように、陶製の手が床で粉々に散っていた。
来年の披露宴が、いまから憂鬱で仕方ないそうだ。

すてられぬ

「むすんでひらいて」を取材した翌日、奇遇なことにRさんという別の女性からも類似する話を聞いた。十七年ほど前、美大生時代の話だそうである。

「きっかけは卒業旅行でした。私、フリーダ・カーロという女性画家が好きで、死ぬまでに一度彼女が生まれ育ったメキシコを訪ねてみたいと思っていたんです。でも就職したら行く余裕なんてないじゃないですか。それで、思いきって友人と航空券を取っちゃったんです。貧乏旅行だけどしょうがないね、なんて笑いながら。そしたら……」

旅行直前のある晩、伯父が実家を訪ねてきた。

当初は「父から私が旅にでると聞いて、餞別を渡しにきた」という話だったが、母が席を外した直後、伯父は鞄から新聞紙にくるまれた《かたまり》を、すばやく取りだした。

無言で促されるままに中身をたしかめると、あらわれたのは人形だった。ありふれた塩化ビニール製の市販品――いわゆる、着せ替え人形である。

けれども、その容姿は玩具店で見なれた市販品とは、あきらかに異なっていた。

人形の髪には乱暴な鋏《はさみ》が入っており、両目は焼き鏝《ごて》でもあてたように溶け潰れている。左膝からは、足の裏に打ちこんだ釘の先が覗いていた。

絶句する彼女を前に、伯父がゆっくり頭を下げた。

「後生だが、Rちゃんにはコイツを向こうの国に棄ててきてほしいんだ。旅程で、日本からいちばん距離がある場所……帰ってこられないくらい遠いところにお願いしたいんだよ」

伯父いわく、これは小学生のときにジフテリアで死んだ同級生の形見分けなのだという。

「貰ってからしばらく自室に飾っていたんだが、高校へ入学するとき〝もう良かろう〟と、拝んで捨てたんだ。ところが……数日後に自宅の廊下に転がっているのを妹が発見してね。そのときは〝形見分けだと知る母がゴミ袋から拾いあげたんだろう〟と思ったんだが」

人形は、その後も戻ってきた。

部屋の模様替えついでに廃棄したときは、翌週に郵便ポストへ強引に捻じこまれていた。それを聞いた友人が「おもしろいじゃん」と持ち帰ったものの、翌日になって彼の両親が「なにも聞かないでください」と返しにきたこともある。

以降も数度にわたって廃棄を試みたが、すべて失敗。まじない代わりに目を潰したり足を刺したりしても、かならず戻ってきてしまう。

「だから、最近はとうに諦めていたんだが……もしや、外国なら大丈夫かと思ってね」

再度こうべを垂れる姿を見ながら、Rさんは「尋常ではないのは人形よりも、伯父のほうかもしれない」と感じていた。

と、どうやって断ろうかひそかに悩む彼女の前で、伯父は再び鞄をまさぐると、封筒を「手間賃だよ」と差しだした。

テーブルに立つほど、分厚い封筒だった。

翌週、彼女はオアハカの街を友人と闊歩しながら「棄て場所」をひそかに探していた。

リュックの底には法外な「手間賃」の代償として、あの人形が入っている。適当な場所で棄ててしまっても問題はないのだが、「それは避けたほうが良い」という予感があった。

この旅のあいだに、奇妙な出来事がいくつか起こっていたからだ。

メキシコシティの市場を冷やかしていたときは、店先に立つ女性から突如ものすごい剣幕で怒鳴《どな》られた。ガイドに通訳を頼むと「オマエの所為《せい》でウチの商品が腐る、だそうです」と教えられた。果実か野菜の押し売りではと思ったが、ガイドによれば、その店は呪具をあつかう伝統的な土産物屋だったらしい。

サン・アンヘルのホテルでは、深夜にドアが何度もノックされた。その音は同室の友人も耳にしており、「なんだか、部屋のなかから叩かれたみたいに聞こえる」と怯えていたが、Rさんはやんわりと否定してその場をおさめた。

オアハカでは、到着したその日に目の前で野良犬が死んだ。彼女らの前を横切った直後、いきなり横倒しになって泡を吹いたのである。現地人らしき男性が十字を切りながら叫んでいたが、意味は理解できなかった。

これら一連の出来事は、人形が原因としか考えられない。一刻も早く手放したかったが、下手な場所に棄てては伯父の二の舞になりかねない気がする。

ランチを食べつつどうすべきか悩んでいると、突然何者かにシャツの裾を引かれた。いたずらの犯人は現地の少年たちで、両手を差しだし小銭をねだっている。手で追い払う仕草を見せたものの、悪童の群れは存外しつこく、とうとう差別語らしきスラングで執拗に金銭を要求しはじめた。

そんなに欲しけりゃ、くれてやるわよ。

怒りにまかせてリュックから人形を引っ張りだすと、数枚のコインと一緒に少年らへ投げつける。十歳にも満たないであろうひとりの男児が人形の髪を掴んで拾いあげ、砂埃の舞う路地の向こうへと走り去っていった。

遠ざかる背中を見ながら、解放された喜びと、「とんでもないことをしたのでは」という不安のふたつが胸に渦巻く。慌てて追いかけたが、すでに少年らの姿は何処にもなかった。


帰りの空港へ到着するころには、いくぶん気持ちも落ち着いていた。

考えすぎよ。あの男の子になにかあると決まったわけじゃないし。

そもそも旅行中に起こった諸々の出来事だって、単なる偶然かもしれないでしょ。

自分自身に語りかけながら、トランクをベルトコンベアに乗せ、検査ゲートをくぐると、手荷物検査員の女性がスペインなまりの英語で親しげに話しかけてきた。

「これはお土産？　ずいぶん変なものを最近は売ってるのね」

愛想笑いをかえしつつも、意味不明な発言が気になって、思わず彼女の視線を追う。

エックス線モニターに映しだされたトランクの中身。折り畳んだシャツのまんなかには、釘の刺さったちいさな足が見える。

あの人形だった。


帰国したRさんは伯父へ人形を返却すると、餞別は月賦で返済する旨を告げて詫びた。

彼はさして怒る様子もなく返済を固辞してから、

「やっぱり、無理なんだねえ」

寂しそうに言ったそうである。


翌年、伯父から「こっちがいけばいいんだとおもう」とだけ書かれている葉書が届いた。彼とは、それを最後に親族の誰も連絡が取れなくなっている。

ひろう

最初は九歳のときです――Kさんは、そんな科白《せりふ》で自身の体験を語りはじめた。

彼が幼いころに暮らしていたのは、本人の言葉をそのまま引用するなら「猪《いのしし》に人間が囲まれて暮らす」ような村であったそうだ。

「夜になると、家のまわりをうろつく獣の足音が聞こえるんです。村の鎮守《ちんじゅ》さんでも、猪だったか狼《おおかみ》だったか、とにかく動物を神様に祀っていた記憶がありますね。だから、ちょっとやそっとの出来事では驚かない自信はあったんですが」


ある夏の終わり。

少年だったKさんは祖父から使いを頼まれ、隣村に赴いていた。

隣村へ行くためには県道を進むのが一般的なルートである。だが、山あいをぐるりと周回するため、地元の人間からすれば遠まわりとしか思えない。K少年もやはり迂回を嫌い、裏山を貫く林道に歩みを進めたのだという。

さて、使いを無事に終えた帰りのことである。

木立に囲まれた一本道を早足で村へ戻る最中、彼は妙なものを目に留めた。昨日まで降り続けた雨で黒く濡れる土のなかに、なにやら白い欠片《かけら》が埋まっている。

そんな小さいものがなぜ視界に入り、かつ強烈に惹かれたのかは、彼自身もいまだにわからないらしい。ともあれKさんは吸い寄せられるように土へ近づき、白色の欠片をつまみあげる。

かけらは、あきらかに人のものとおぼしき歯だった。

正体が知れたとたん、厭な気持ちになった。誰かが村へ向かう道すがら、兼ねてよりぐらついていた一本が抜け、処分に困り捨てたのではないか——自分を納得させられる理由はいくらでも考えついたが、気味の悪さは理屈では片づかない。

彼は拾いあげた歯を藪《やぶ》の向こうへ放り投げ、再び駆けだした。

「ま、それでも、翌朝には忘れておったんですけど」

その日から、六十年あまり。

以降、Kさんは歯を拾い続けている。

周期はおよそ二年に一度。場所も時間も、てんでばらばらだという。

たとえば高校生のときは、下駄箱に突っこんでいた古い運動靴の奥から歯を見つけた。

新入社員時代には、オフィスで固定電話のカールコードに絡まった歯を発見している。

安アパートの洗面台に置かれたコップの底、旅館で出された小鉢のなか。一念発起して建てた新居、その真新しい畳の上にぽつんと転がっていたこともあった。当然ながら、いずれの歯も彼自身や家族のものではない。

「──いちばん新しいものは、これですかね」

そういうとKさんは、錠剤を入れるタイプの小さなガラス瓶をテーブルに置いた。

瓶の底には、若干黄ばんだ歯が転がっている。

「半月ほど前、生後三ヶ月になる孫が握っていたんです。もちろん私のものでも、息子夫婦のものでもないんですよ」

こういう話は、よくあるんですか。わりと珍しくないんでしょうか。

すくなくとも耳にした記憶はない——そう伝えてから、私はKさんに訊ねた。

「いままで拾った歯は、すべて同一の部位に見えましたか」

「いえ……前歯だったり犬歯だったりと、おなじものはなかったように思いますけど。保存しとけばわかるんでしょうが、ほとんど捨てちゃって……すいませんねえ」

申しわけなさそうに頭を掻く彼を見ながら、言葉を続けた。

「だとすれば……おなじ人間のものかもしれませんね」

思いついたばかりの仮説に、Kさんが絶句する。

「誰かひとりの歯を、あなたは定期的に拾っている。そう考えれば、いろいろと辻褄《つじつま》が合うんですが」

「なんのためにですか。なんでそんなことが私の身に起きるんですか」

今度はこちらが口をつぐむ番だった。必死に考えを巡らせるものの、答えなど浮かぶはずもない。沈黙が流れはじめて一分後、彼が静かにつぶやいた。

「人は、いくつありましたか」

「は」

「ええ、歯です。人間の歯は全部で何本あるか、ご存知ですか」

「たしか……基本的に上下で三十二本のはずですが」

「じゃあ、九つのときに拾いはじめて、今年で七十になりますから……そろそろ、最後のひとつですね」

全部そろったら——どうなるんでしょう。

Kさんが問う。再び私は押し黙る。

「ああ、なんでかなあ。考えたことなかったなあ。どうしてかなあ」

心なしか青ざめた顔で、彼はガラス瓶を鞄にしまった。

から、と音が鳴る。

もどす

六月半ばの昼下がり。私は、都内の四ツ谷にある某寺院を訪れていた。

とはいっても参拝目的ではない。テレビ番組に出演者のひとりとして呼ばれたのだ。寺が収録現場で、かつ私が出演するということは当然ながら怪談にちなんだ番組である。有名な芸人さんや女性タレントの前で怪談を披露し、驚いてもらう……簡単に説明すれば、そのような趣旨の番組ということになるだろうか。

本堂での収録は滞りなく進んだ。もっとも私のお喋りはあいかわらずの拙《つたな》さで、共演者のリアクションに助けられてどうにか終えたというのが正直なところだったが。

「――では、また次回お会いしましょう」

司会の芸人が頭を下げて数秒、カットの声がかかる。続けて「お疲れさまでした」とディレクターが叫び、出演者とスタッフが一斉に動きだす。

長い一日がようやく終わったと、私は安堵していた。

実は、終わってなどいなかったのだけれど。


番組には私のほかにもうひとり、漫画家であるO先生が出演していた。

今年になって作品が映画化されたほか、最近はテレビゲームをテーマにした漫画で人気を博している、名実ともにトップクラスの人気を誇る書き手である。

彼とはこの日が初対面だったが、ほぼ同年代であることに加え、かつておなじ雑誌に掲載された縁もあって私たちはすぐに打ち解け、収録後にはO先生から「どうせですから駅まで一緒に帰りましょう」

と誘われるまでの間柄になった。

もちろん断る理由などない。スタッフや共演者に礼を述べてから、寺の敷地を抜け、駅へ続く長い石段をならんで歩いた。

話によれば、その石段は大ヒットしたアニメーション映画の舞台らしい。現に、いまもカップルや観光客の一団が鈴なりに群がっている。

なるほど、これが《聖地巡礼》というやつか。

撮影に興じる彼らの横を遠慮がちに通過する。怪談番組への出演とあって、私たちは黒ずくめの衣装を着ていた。巡礼者の集うにぎやかな空間にはまるで似合わない。

ギャップに苦笑していたそのとき、ふいにO先生が「怪談じゃないですけど、おもしろい話……教えましょうか」と口を開いた。

「実は僕、超能力があるんですよ」

彼の声など聞こえていないはずなのに、周囲のざわめきが一瞬、静まった気がした。


話は数年前にさかのぼる。

そのころ、O先生はいささか厄介なトラブルに巻きこまれていた。

どのようなトラブルであったかは、本題から逸れるため具体的に述べない。著作権に絡んだ、個人的には「言いがかり」か「見せしめ」としか思えぬ内容であったとだけ、説明しておくに留めたい。

ともあれ、彼はその騒動ですっかり疲れてしまったのだという。

遅々として進まぬ出版社との折衝、連日にわたる公的機関からの呼び出し。このまま問題が長引けば、漫画家生命とて危うくなる。

解決の糸口が見えぬまま、憤《いきどお》りだけが鬱積《うっせき》する毎日が続いた。

そんなある日のこと。

O先生は仕事部屋の置き時計を――「止まれ」と祈りながら睨みつけたのだという。

なぜそのような行動をとったのかは、本人もよくわからないらしい。

憤りが胸のなかに溜まっているのを感じ、「いまなら止められる」と思ったのだそうだ。

た、た、た。軽い音を立てて回転する秒針を、目で追いかける。

どれくらい睨んでいただろうか――ふと、彼は気がついた。

秒針が、戻っている。

「なんでだよ、が最初に抱いた感想ですね。だって僕は〝止まれ〟って念じたんです。それが〝戻る〟って、どういうことですか」

念のために二度、三度と試したものの、結果はおなじ。

睨むたび針は反時計まわりに動いた。何回か挑戦した結果、あくまでも秒針が戻るだけで時間そのものは変化しないことも判明した。

とはいえ、妙な力を鵜呑《うの》みにしたわけではなかったと、O先生は当時をふりかえる。

幻覚か、はたまた錯覚か。いずれにせよ、過剰なストレスがおのれの判断能力を鈍らせているという疑いは捨てなかったのだ。作中でも心霊現象に懐疑的なまなざしを向ける、彼らしい客観的な判断といえよう。

そこでO先生は《証人》を用意することにした。すなわち、アシスタントに同席してもらったうえで時計を睨みつけたのである。

はたして、やはり秒針は戻った。

「なんスかこれ、やべえ！」

驚愕するアシスタントを前に、彼はもうひとつの「実験」を試みる。

風を操ろう、というのである。

「自由に風を動かせる知り合いがいまして。僕もこの目で見ましたが、本当に〝あっち〟と宣言した瞬間、その方角から風が吹くんです」

いまなら、自分も《あれ》ができるのではないか——そう考えたO先生は、近所の公園にくだんのアシスタント氏を連れだした。

木々がまばらに立つ遊歩道へ視線を集中させ、時計を睨んだときの心境を思いだす。怒り、怨み、悔しさ。負の感情がぼこぼこと沸くのをたしかめてから掌《てのひら》を右から左へ、すい、と揺らした。直後、枯れ葉が手で描いた動線どおりに運ばれていく。

「うおッ、マジすか！」

アシスタントが叫ぶ。

応えるように逆方向へ腕を振ると、枯れ葉は右方向に向かって舞いあがった。

その後も何度か試したが、風はすべて彼の思うままに動いたそうだ。


「――そんな力があるんだったら、今日の収録で披露すれば良かったじゃないですか。

出演者もスタッフも大パニックになったと思いますよ」

駅前の交差点で青信号を待ちながら、私はO先生に笑って告げた。

隣に立つ彼の表情が、わずかに曇る。

もしや小馬鹿にしていると思われただろうか。疑われていると感じただろうか。

「いや、あの、信じてないわけじゃないんですよ。私も見たかったなと思って……」

必死でとりつくろう私に軽く微笑んでから、彼は肩をすくめた。

「もう、ないんです。あの力」

くだんの騒動が解決すると同時に《能力》は消えてしまったのだという。

秒針も、風も、ぴくりとさえ動かなくなってしまったらしい。

「いま思いかえしても、あの時期は常軌を逸した精神状態でしたから。そのくらい常識はずれな状態にならないと、非常識な現象なんて起こらないんですよ」


ホームを走り、車内へ滑りこんだと同時に新幹線が動きだす。

山形までの所要時間を告げるアナウンスを汗だくのままで聞きながら、私は窓にもたれかかり、外の景色を眺めた。

夜窓の色が、数時間前の風景と重なって見える。話をひととおり聞き終え、改札口で見送ったO先生の背中。小さくなっていく、黒いシャツ。

彼の話は、本当だったのだろうか。

あれは、怪談——むしろ奇談と呼ぶべきか——だったのだろうか。

O先生が当時、精神的に均衡を欠く状態だったことはまぎれもない事実なのだろう。アシスタントなる人物も、そんな彼の尋常ならざる様子は把握していたに違いない。

で、あれば。

アシスタントは調子を合わせたのではあるまいか。

実際には戻っていない秒針を「戻った」と言い、たまさか吹いた風に驚愕する。

そうすることで、不安に苛《さいな》まれているO先生を遠まわしに慰めていたのではないか。

心おだやかに過ごせるよう、手助けをしていたのではないか。

ならば、あれは奇談ではない。

ともあれ文章化は難しいな——加速していく新幹線の駆動音をぼんやり聞きながら、結論づける。


山形の自宅へ到着したのは、日が変わる三十分ほど前だった。

すぐに卓上のパソコンを起動させ、不在中に届いたメールを確かめる。

その最中——視界に違和感をおぼえた。なにかがおかしい。でも、なにが。

「あ」

パソコンの脇に置かれたアナログ時計が、十二時ちょうどを指している。

もしやと思い携帯電話に目を落とせば、画面には《午後十一時四十分》の文字。

すぐに椅子から立ちあがって台所や寝室、家じゅうの時計を確認する。

「……嘘だろ」

すべての時計が十二時ちょうど。つまり、携帯電話は二十分遅れていることになる。

そんなはずは、なかった。

私は一昨年、時計の遅れに気づかず、東京行きの新幹線に乗り遅れるという大失態を経験している。そのため今回上京が決まった際も、携帯電話の時刻を家じゅうの時計と合わせたのだ。それが先週の話である。これほど短期間のうちに、ずれるはずがない。

ある考えがふと頭をよぎる。O先生は「時間そのものが戻るわけではないと言っていた。「あくまで身近にある時計の針が戻るようだ」と語っていた。ならば──私が軽口を叩いたあの瞬間、彼はやはり怒っていたのではないか。憤りによって《力》を発動させ、私の携帯電話を「戻した」のではないか。

もしや、今日にかぎって新幹線を乗り過ごしそうになったのも、時計がわりに使っている携帯電話の時刻が遅れていたからではないのか。

真相はわからない。確認しようもない。けれども、言いしれぬ不安が胸の奥に沸いているのは、まぎれもない事実だった。

得体の知れぬ現象に遭い、解けない謎が残り、理屈で片づけられない恐怖を抱く。

つまり──これは奇談だ。怪談だ。

れっきとした、奇妙で怪しい話だ。

次にお会いしたときO先生に訊いてみようか、私はいまも悩んでいる。
「本当は、まだ力があるのではないですか」と。
はたして彼は笑うだろうか。怒るだろうか。
それとも返事の代わりに、また「戻す」だろうか。

とぶ

母校の大学で講師を務めた際、ひとりの男子学生から聞いた話。お姉さん（仮にNさんと呼ぶ）の実体験だそうだ。

小学四年の冬、彼女は放課後の教室で同級生数名と「こっくりさん」に興じていた。五十音とイエス・ノー、そして鳥居のマークが書かれた紙。その上に十円玉を置き、指を添えて質問をする——昭和から続く、もはやトラディショナルな作法である。

はじめてから五分ほどが過ぎたころ、ひとりが「ウソでしょ」と小さく叫んだ。十円玉が、先ほどよりも明らかにスムーズな動きを見せている。流れるように紙上を滑り、赤銅色の硬貨は次々と単語を選んでいく。Nさんはもちろん友人も、指に力などこめていない。こっくりさんが示しているのはどうやら女性の名前のようであったが、その名前にはまるで心あたりがなかった。

「もうやめよう」

誰かが懇願するように言う。誰も答えない。沈黙が、返事の代わりだった。

「じゃあ……帰ってもらおうよ」

Nさんが告げた直後、十円玉が再び動きだした。

と

ぶ

紙が縒《よ》れるほどのいきおいで、硬貨が「と」と「ぶ」の二文字を交互に行きかう。

「もうやだ」

友人が弾かれるように指を離す。直後、校舎の何処かでガラスの割れる音に続いて、なにかがぶつかる鈍い振動が空気を震わせた。

生徒の悲鳴、教師の怒声、近づいてくるサイレン——どうやって帰ったのか、なにも憶えていない。

翌日、六年生の女子児童が三階から飛び降りたと全校朝会で知った。

目撃した上級生の話では、女の子は吹奏楽部の練習中に突然窓に向かって駆けだし、そのままガラスを突き破って落下したのだという。

こっくりさんの告げた名前が児童と同名であった事実は、いまでもNさんたちだけの秘密である。

大清掃

これも、おなじく教え子である男子学生、Ｆが教えてくれた話である。

彼のかよっていた、東北地方にある高校での出来事だそうだ。

彼の母校では毎年、夏休み明けの週末に《大清掃》なる行事がおこなわれていた。

読んで字のごとく大規模な掃除で、校舎のあらゆるところを生徒たちが丁寧に履き、拭き、磨くのだという。「きれいな学び舎で新学期を迎えよう」と、それらしい趣旨を教員は述べていたが、Ｆはあまり納得していなかったという。

「だって本当にきれいにしたいなら、汚れがピークの学期末に掃除するでしょ。なんで一ヶ月も人の出入りがなかったタイミングでやるんですか」

もっとも彼を含め、表立って不満をいう生徒はいなかった。些細な疑問より、午前で授業が終わるという事実のほうが重要だったからだ。

三年生の夏休み明け、彼のクラスにはプール掃除が割りあてられた。寒い地域とあって、すでにプール納めは終えている。溜まった水を抜いてゴミの類を取り除くだけの、簡単な作業だと思っていた。

デッキブラシを手に向かうと、先に駆けつけていた同級生たちが、遠巻きにプールを眺めている。「どうしたの」と首を伸ばし、背中越しに彼らの視線を追った。

枯れ葉やビニール袋に混じって、黒い糸状の塵屑がびっしりと水面に浮かんでいる。藻だろうか。一歩近づくなり、自分の考えが誤りであると気づいた。

それは、長い長い髪だった。腰あたりまであろうかという長髪が、水を埋め尽くしていたのである。どう考えても、ひとりぶんの毛髪ではなかった。

やがて、監督役の教員がプールサイドへやってきたが、彼はプールをつまらなそうに見て「今年もかあ」と言うだけで、さして驚く様子もなかったという。

髪は大きなゴミ袋が八つ、パンパンになるほどの量だったそうだ。

「でも、ウチって男子校なんですよ。あんなに髪の長い生徒は誰もいないんです」

もしかしたら、夏休み明けにわざわざ掃除するのは、あれが理由なんでしょうか——

Fは最後にそう言った。大清掃は、現在でもおこなわれているらしい。

すずなり

ある週末の真夜中、Y子さんは聞きなれない金属音で目をさました。

ぎゃりん、ぎゃりん、と耳障《みみざわ》りな音は、真っ暗な自室の隅《すみ》あたりから聞こえている。

マンションでの独り暮らし、当然ながら部屋には自分以外誰もいないはずだった。

いったい、なんなの。

暗闇のなか、耳をそばだてて在り処を探る。やがて、先がパソコンデスクの抽斗《ひきだし》に触れた。卓上の電気スタンドを点け、おそるおそる抽斗を開けると。

ペンや付箋《ふせん》を掻きわけるように、ちいさなかたまりが転げまわっていた。

赤糸でくるむように編みこまれた、紐つきの鈴。

幼いころに祖母が作ってくれた、いまとなっては形見がわりの品だった。

それがいま、鳴っている。

目の前で、死にかけの昆虫よろしく跳ねている。

もしも、鈴が鳴る原因に心あたりがなければ、叫んでいたかもしれない。逃げだしていたかもしれない。しかし、Y子さんは驚かなかった。

思うところがあったのだ。


彼女が住んでいるのは、二ヶ月ほど前に引っ越したばかりの部屋だった。

最寄りの駅から三分、広々としたワンルーム。浴室には防水テレビも備えつけられている。そして、かなりの好物件であるにもかかわらず家賃はなんと相場のおよそ半額。一階というデメリットを差し引いても、あまりに安い。

もちろん、それにはれっきとした理由があった。この部屋は過去に人が殺害された、いわゆる「精神的瑕疵《かし》物件」なのである。

不動産屋からは下見の際、「いまは、事前にお知らせしないと訴えられるんです」と殺人事件の現場であった旨を告げられた。むろん詳細は伏せられたが、ネットで検索をかければ容易にわかる時代である。彼女は帰宅後すぐに調べ、そしてすぐに見つけた。

被害者はY子さんと同年代の女性だった。加害者は半同棲中だった交際相手の男性。

別れ話のもつれから寝ている女性の首を絞めて殺すという、乱暴に言えば、ありがちな動機と殺害方法だったという。

その後、男は事件を隠蔽しようと浴室で被害者の解体を試みたらしい。しかし、その際にホームセンターで大量のゴミ袋と電動ノコギリを購入していたこと、騒音に怒った隣室の住人からクレームが入ったこと、被害者女性が「彼氏に殺されるかも」と同僚に打ち明けていたことなどが重なり、目的を達成できぬまま、駆けつけた警察官によってあっさりと逮捕されている。

事件の後、部屋には大規模な清掃とリフォームが施されたものの、なかなか借り手は見つからなかった。そして、ようやく半年後に入居したのがY子さんだったのである。

祖母の鈴は、あいかわらず鳴り続けている。

あまりに激しいその音は、危険を知らせる警告としか思えない。

危ないのか、この部屋は。

もしかして、生きている私のほかに「誰か」が居るのか。

途端、室内が冥《くら》くなったように思えた。空気も心なしか冷えたように感じる。

とっさに鈴を掴んで両手で握りしめ、生前の祖母を真似て南無阿弥陀仏と唱える。手のなかでは鈴が魚を思わせる動きで、びちん、びちん、と暴れ続けていた。必死に力をこめて経を唱える。脳裏に、祖母の優しい笑顔がぼんやりと浮かんだ。

時間にして、ものの三分程度だったはずだ――と、Y子さんは言う。気づけば、鈴はおとなしくなっていた。部屋の雰囲気も、先ほどより清々しい気がした。

赤い紐を、通勤用のバッグにそっと結ぶ。ちゃり、と優しく鈴が鳴った。

「ばあちゃん……ありがと。助かったよ」

静かにつぶやき、亡くなった女性に手を合わせてから床に就いた。

翌日の昼下がり、彼女は繁華街へ出かけるための支度に追われていた。

久々の休みに加え、昨日の出来事もあって、なんとなく部屋で一日を過ごす気になれなかったのだという。

と、鏡台に向きあい化粧水をはたいていた彼女の背後で、きゃりん、音が聞こえた。

フローリングに、紐のちぎれた鈴が転がっている。

うそでしょ。

無意識に漏らし、拾いあげようと椅子から腰を浮かせる。直後、窓が鳴った。知らない男が、ガラスをノックしている。

上の部屋の人かな。昨夜うるさかったから、苦情を言いにきたのかな。なるべく楽観的な可能性を頭に描きながら、おそるおそる近づいて、すこしだけ窓を開けた。

「あの、昨日はちょっといろいろありまし……」

言い終わるより早く、男が「なつかしいなあ」と、歌うような調子で叫ぶ。

「僕、以前この部屋に彼女と住んでいましてね。ついこのあいだ〝出てきた〟んです。いやあ……すっかり部屋の様子は変わったけど、懐かしいなあ」

嬉しそうに言ってから男は彼女をじっと眺め「あなた、ちょっとアイツに似てますね」と笑った。

Y子さんはすぐに引っ越した。

急いで荷造りをした所為《せい》か、いつのまにか鈴は行方知れずになってしまったという。

ぱちん

これも、祖母に関する話といえるかもしれない。

それにしても、祖母と孫にちなんだ怪談を耳にする機会が多い。巫女やイタコなど「女性特有の霊性」は枚挙にいとまがないが、これらもなにか関係があるのだろうか。なかなか興味深く、機会があれば調べてみたいと思っている。


十五歳の誕生日、Mさんは両親から新しい部屋を譲り受けた。

「ちっとも喜べませんでしたけど。だってそこ、おばあちゃんの部屋だったんです」

同居していた祖母は、彼女が誕生日を迎えるひと月ほど前に亡くなっていた。

遺品整理が終わり空っぽになった四畳間を見て、母が「もう高校生なんだし、自分の空間を持たせても良いんじゃない」と父を説得してくれたのである。

親の目が届かない場所で、勉強や友人との電話を満喫できるのは嬉しかった。しかしそんな嬉しさが吹き飛ぶほど、祖母の部屋は「辛気くさかった」のだという。

古い畳には、万年床や箪笥の跡がくっきり残っていた。窓に下がっているカーテンもまだらに焼けており、近づくとなんだか据えたにおいがする。電灯の傘は昭和然としたデザインで、おまけに蛍光管を新しく替えたはずが、やけに暗かった。

こんな部屋では、同級生を呼ぶこともままならない。「模様替えをしたい」と両親に懇願したものの許可は下りず。とりわけ、父親はけっして首を縦に振らなかった。

「いいか。ウチのところでは昔から〝ホトケさんが出たら、四十九日が終わるまで家を建てたり、庭をいじっちゃいけない〟と言われてるんだ」

出口がわからなくなるんで、家をずっとさまようんだってさ。

ひどいときは、家に死人が集まっちゃうんだってさ。

父親は、わざと低い声で笑った。

「そりゃ、アタマにきましたよ。正直に〝お金がもったいない〟って言えばいいのに、なんでわざわざ実の娘を脅かすのさ、そもそもそんな風習があるなら、それが終わったあとに部屋をくれれば良いでしょ——と、喧嘩になって」

数日後、Mさんは父への抗議もこめて「ささやかな模様替え」を敢行する。

「カーテンを布からブラインド式に交換しただけですけど。高校生のお小遣いじゃあ、そのくらいしか出来なかったんですよ」

それでも、部屋の雰囲気はがらりと変わった。

ブラインドのベージュ色が電灯を反射しているのか、以前よりも空間全体が明るい。心なしか、空気まで爽やかになったような気さえする。

替えて正解だったな——と、当初は思っていた。


ぱちん。

軽い音がしたのは夜の九時過ぎ。新しい部屋で宿題と格闘している最中だった。

ふりかえったが、部屋にそれといった変化は見られない。

気の所為《せい》かなと思い机に向きなおると、数分後にまた、ぱちん。しばらく待ってからノートを開いていると、忘れたころに、ぱちん。

音はその後も、断続的に聞こえた。

何度目の、ぱちん、だっただろうか。

聞こえた直後にある場面を思いだし、衝動的に彼女は叫んだ。

「前に刑事ドラマで観た、俳優さんがブラインドを指でこじあけて外を眺めるシーン。あれが脳裏に浮かんだんです」

つまり、この音は、ブラインドを。お父さんの話、本当だったんだ。

恐ろしいとは感じなかった。むしろ祖母が近くに居るのが、なんだか嬉しかった。

「おばあちゃん、勝手に模様替えしてごめんね。部屋……大事に使うからね」

返事代わりに鳴らないかなと耳をすませたが、音はその夜、もう聞こえなかった。

ちょっと、寂しかった。


翌週の深夜。

両親が床に就いたあとも、彼女は教科書とにらめっこを続けていた。

「期末試験が控えていたんですよ。それまでは親が寝る、イコール消灯だったもので、ちょっと夜更かしが楽しくって」

気がつけば、時計の針は午前二時を指していた。さすがに疲労をおぼえて「お茶でも飲もうかな」と椅子から立つ。その拍子に、自然と視線が窓にそそがれた。

「あ」

ブラインドカーテンが、わずかに開いている。

すきまから眼球が見えた。

黄色く濁っていた。あきらかに、祖母の目ではなかった。

「いっ」と声が漏れた瞬間、ぱちん、とブラインドが閉じた。

Mさんの絶叫に跳ね起きた父親が話を聞くなり「泥棒か」と、窓に近づく。

しかし、ガラスは内側からしっかり施錠されていたという。

四十九日を過ぎると、ぱちん、は聞こえなくなった。

「しばらくは不安でたまりませんでしたね。いまでもご近所で葬儀があると、模様替えどころか机ひとつ動かさないように気をつけてますよ」

《アレ》と目が遭うのは、もうこりごりなので。

取材場所である喫茶店の窓をちらりと見てから、彼女は言った。

なる

こちらは、祖父にまつわる話。

会社員時代に得意先の男性から聞いた、彼自身の体験だそうだ。

ある日の夜中、家じゅうに聞きなれないメロディーが響いた。クラシックのようだがテレビやラジオから流れている雰囲気ではない。そもそも彼も父親も母親も、つまりは家族全員すでに寝床へ入っている。

これはなにごとか。飛び起きた両親と、音の所在を探して家のなかを右往左往する。するとまもなく父親が「あっ」と叫んで奥の間へ走った。

「ここだ」

たしかに、襖《ふすま》の向こうから音楽が流れている。

祖父の和室だった。部屋の主は、半年前に肺炎で亡くなっていた。

「ちょっとあんた、見てきてよ」

母親に無理やり背中を押され、しぶしぶ襖へ手をかける。開けたとたんメロディーがひときわ大きくなった。見れば、まっくらな部屋の隅《すみ》でなにかが緑色に点滅している。

もしかして——足早に室内へと踏みこみ、電灯の紐を引っ張った。

「……やっぱり」

光と音の正体は、祖父が生前に使っていた折りたたみ式の携帯電話。どうやら文机に置かれていたものが振動で動き、畳に転がり落ちてしまったらしい。開いた画面には、アナログ時計のイラストがでかでかと表示されている。

「目覚まし機能のアラームだよ。これが作動したんだ」

男性の言葉に、両親が仰々しく溜息を吐いた。

「まったく。じいちゃんてば、死んでも人騒がせだな」

「ほんと、心臓が止まるかと思ったわよ。こんな時間に」

こんな、時間。

母親のひとことに疑問が湧く。

時刻が設定されていたのであれば、毎日鳴らないとおかしくはないか。それがなぜ、今日にかぎって作動したのか。

そもそも、祖父はどうしてこんな時間を選んで目覚ましをかけたのか。

再び画面に目を落とす。

アラームは、午前二時四分にセットされていた。

祖父の死亡時刻だった、という。

みる

ある女性が語ってくれた、ひとりの老婆についての話である。

一般的に知られた名前であれば、イタコということになるのだろうか。その地方では別な俗称であったが、とにかく老婆は盲目で、死者との交流を生業《なりわい》としていた。

私に話をしてくれた女性は老婆の近所に暮らしており、善意から身のまわりの世話を焼いていた。食事の買い出しや入浴の介助、お喋りにつきあうことも多かった。

その日、いつものように茶飲み話に花を咲かせていたおり、彼女はなんとはなしに「毎日ヨソサマの悩みばっかり聞いて、嫌になるべ」と老婆に訊ねたのだという。

すると、婆は笑って首を振り「誰にも教えるなよ」と、おのが秘密を囁《ささや》いた。

二日後、あるいは三日後、つまりはここ何日かのうちに死ぬ人間と対峙すると、老婆は「目が開く」。時間にしておよそ五分、長くて三十分とかぎられてはいるが、目の前に居る「まもなく死ぬ者」の顔が、はっきり見えるのだという。

もちろん、めあては死人予備軍の面相などではなく、その周囲に広がる景色である。窓の向こうに見える四季折々の草花や青い空、もしくは祈祷用の部屋に飾られた千羽鶴や供物の菓子の可愛らしい包装——それらを見たいがために、自分は人と会い続けているのだ。嬉しげな表情で、老婆はそう告げた。

なぜ、目の前の人物がまもなく死ぬとわかるのか。

そもそも視覚の復活と相談者の死に因果関係があると、いつ気づいたのか。

疑問は多々あったが、女性は詳しく訊かなかったという。

なにしろ特殊な職業であるし、なによりも老婆本人が、いつお迎えがくるとも知れぬ齢である。あまり詮無《せんな》い嫌疑をかけてもつまらない、そのような判断であったようだ。

盲《めし》いている者は、見えぬぶん他人の心持ちには敏感だという。このときの老婆がまさしくそうであった。老婆は女性の心のうちを見透かしたように「信じてねえべ」と微笑んだ。

「そのうちだ、待ってろ」

捨て科白がどのような意味なのか、そのときは理解できなかった。

およそ一年後の朝である。

いつものごとく頼まれたおつかいの品を渡しに、女性は買い物袋をぶら下げて老婆の家を訪れた。

玄関で声をかけると、いつもならば祈祷の部屋から聞こえる返事が、やけに遠い。声をたどって踏み入れば、老婆は浴室脇にある洗面台の前に立っていた。

向き合っているのは洗面台に据えつけられた鏡。老婆にとっては無用の長物、まるで意味をなさない調度品である。と、老婆が女性をみとめ、おもむろに口を開いた。

「水道料金、改定の、お知らせえ」

唐突な文言を告げるその手には、一枚の紙が握られている。

水道局からの、まさしく老婆が口にした内容を知らせる手紙だった。

「……読めるの。本当だったの」

「いまだけな。さっき、手さぐりで顔を洗ってひょいと顔をあげたらよ。ほれ」

驚く女性の前で、老婆は鏡をまっすぐに指さした。

「しかしオラも、歳とったもんだなあ。わびしい顔だ。見ねばいがった」

それが、最後の言葉になった。

翌朝、老婆は寝床で息を引き取った。


女性がこのことを話したのは、私がはじめてであるという。

ひだるま

男性が夏に帰省したおり、祖父から「なんぼも昔のことだ」と、こんな話を聞いている。

村に、ひとりのオンツァマ（方言で親父さんの意）が居た。

ある日のこと、オンツァマは釣竿を手に川へと出かけた。川魚でも捕まえてくるかとオガ（妻）は期待していたが、はたして帰ってきたオンツァマの魚籠《びく》は空っぽで、その代わりに童児ほどもある石を抱えている。

オンツァマは「川でのんびり竿を垂らしていたところ、上流から石が、のろん、のろん、と転けてきたのだ」という。その動きまるで生き物のごとく、当初オンツァマは子熊と誤認し、やにわに竿を捨て身構えるほどであったらしい。

「これは普通の石ではねェど思ってヨ、守り神サするのに運んできたんだ」

オガも家族もたいそう呆れたが、オンツァマは批判など何処吹く風で巨石を庭の片隅に置き、しまいには日曜大工で祠《ほこら》をこしらえ毎朝手を合わせるようになった。

ある夜更け、庭先で細く長い悲鳴が聞こえた。なにごとかと飛び起きたオンツァマとオガが障子《しょうじ》を蹴破るようにして縁側へ出てみれば、ひとりの見知らぬ老人が炎に包まれながら叫び声をあげている。あまりの光景に家族が呆然とするなか、老人はめらめら燃えたまま山の方角へすさまじい勢いで走り去ってしまった。

と、あっけに取られつつ田畑の彼方へ遠ざかる火を見送っていたオンツァマに、オガが「ちょっと」と声をかけた。

促《うなが》された部屋の隅には行灯《あんどん》が置かれている。貼られている和紙がめくれあがっており、燈心のあたりで焦げていた。眠りこけてまるで気がつかなかったが、放っておけば家も人もみな焼けていたに違いなかった。

翌朝になってたしかめると、庭の巨石は何処にも見あたらなくなっていた。

これが昔話なら「神様が守ってくれたのだ」で、めでたしめでたしとなるのだが――。
村ではそれ以降、ときおり山から悲鳴じみた声が聞こえるようになったという。
話者の男性も、幼い時分から現在まで何度となくその声を耳にしている。
あきらかに鳥や獣ではない、激痛に喘《あえ》ぐような叫びなのだそうだ。

牛舎にて

地域も年代も属性も無関係の人間から、続けざまに似たような体験を聞く——流行《はや》りに倣《なら》えば「怪談作家あるある」とでも名づけようか、けっして珍しくはない現象である。

人が不思議だ奇妙だと感じるものは、実のところさしてバリエーションが多くはない、という証明でもあるが、なかには「なぜこれほど特殊な話が、連続して舞いこんだのか」と首をひねるケースも存在する。

今回の取材でいえば「牛舎」である。それぞれに繋がりを持たない話者から、三日続けて牛舎にまつわる怪談を拝聴したのだ。こうなると話そのものもさることながら、その連続に不穏なものを感じてしまう。釈迦《しゃか》のたなごころ——否、もっと得体の知れぬ、こちらを救う気などないモノに転がされているのでは、と不安をおぼえてしまう。

「暗がりから牛」なる諺《ことわざ》は、黒牛が暗闇にまぎれているさまが由来だそうだ。ならば以下に記した怪談の暗闇からは、なにが出てくるのだろう。

それは本当に牛なのだろうか。


北海道出身の男性より聞いた話。

午前四時、酪農を営む彼は餌の干し草を補充するために牛舎へ入った。

空が明けなずむなか裸電球が灯るばかりの薄暗い牛舎を歩いていると、一頭の雄牛が「おとう、おとう」と二度鳴いた。三歳になる娘そっくりの声だった。

胸騒ぎをおぼえて自宅に駆け戻ると、当の娘は布団で寝息を立てている。ほっとして頬を撫でたと同時に、娘が激しく吐き戻した。

昨晩食べたコーンスープらしき乳白色の吐瀉物《としゃぶつ》に、大量の干し草が浮いている。

干し草は、幼な子の胃から出てきたと思えぬほどの量であったという。

それが関係しているかは知らないが、男性はその冬で牛飼いを辞めた。

こちらは九州の話である。

山あいの古い牛舎跡へ、男性三名が肝だめしに出かけた。有名な都市伝説が山頂の牛舎を舞台にしていたため「あそこもなにかあるのでは」と思い立ったのだという。

期待はあっさりと裏切られる。牛舎跡はすっかり片づいており、空っぽの施設以外は藁の一本も残されてはいなかった。

どうにも白けてしまい「車へ戻ろう」と歩いていた最中、突然運転手の男が叫んだ。

前方に見える彼の愛車が、テールランプをこちら側に向けている。停めたのはかろうじて車一台が通れる狭い道幅の場所。つまり、Uターンはできないのである。

牛舎の近くまで車を動かせば転回も不可能ではないが、だとすればエンジン音が自分たちの耳に届いているはずだ。そもそも車のキーは運転手のポケットに入っており、ドアもすべてロックされている。

「早く帰れ、ということだな」

誰かが漏らしたのを合図に、全員が走って車に乗りこんだ。

街の灯が見えるまで、誰もなにも言わなかった。

いまも、そのときの話はご法度になっている。

また、道内の話。話者の男性が十一歳のときの出来事だそうだ。

ある夏、彼は夜更けに父から揺り起こされた。飼っている雌牛が産気づいたので、分娩を介助するよう請われたのである。

牛舎へ走ると、分娩房（牛舎内の出産用エリア）で一頭の雌牛が唸《うな》っていた。股のあいだからは仔牛の濡れた蹄《ひづめ》が覗《のぞ》いている。張りつめた空気に触発されたのか、ほかの牛も次々に目をさましては、のう、のう、と啼《な》きはじめた。

父は雌の様子を見るや「思ったより早《はえ》ェな」と言い、産科ロープ（仔牛の足に巻きつけるロープ）と消毒用ヨーチンを取りに母屋へ駆けていった。

残された男性は、牛の声がこだまするなかひとり佇んでいたが、ふいに妙な気配を感じてあたりを見遣《みや》った。

雌牛の黒々と隆起した背中あたりになにやら動くものがある。

それは、一匹の猿だった。

針のような短毛をまとった猿は、赤児がおぶさるごとく牛の背へしがみついていたが、こちらの視線に気がつくや敷き藁《わら》めがけてずり落ち、二本足で牛の股へ歩みよった。干し草用のフォークで何度も威嚇《いかく》したが猿はまるで動じず、膝あたりまで突きでた仔牛の脚を、綱引きよろしく引っ張っている。皺まみれの顔は笑っているように見えた。そのくせ眼球は硝子玉のようで、いっかな感情が読み取れなかった。

どうして良いかわからずその場へ立ち尽くしたままぎゃんぎゃん泣いていると、まもなく父が戻ってきた。いつのまにか猿は姿を消していた。

父は話を聞くなり表情を渋くさせて「お前は家に戻れや」と言った。怒っているときとは微妙に異なる、いままで目にしたことのない父の顔だった。

寝床で耳をすましていたが、いつまで経っても仔牛の産声は聞こえない。

昼過ぎになって父は戻ってきた。「駄目だったよ」とひとことだけ漏らし、あとはなにも語ろうとはしなかった。「猿は」と訊ねたが、返事はなかった。

その後、雌牛に死産が相次いだこともあって、父は酪農をたたんでしまった。

男性はのちに成人を迎えてから、道内に猿は生息していないと知ったそうだ。

じぞうもどき

地域おこしのイベントに出席した際、石材業を営む男性からうかがった話。

厳密には怪談とは言いがたいが、なかなか興味深い内容であったため、備忘録としてここに記しておきたいと思う。


彼いわく、石地蔵を運んでは路傍にこっそり置いていく人間がいるらしい。

出没する都道府県も設置場所も、石地蔵の大きさや形状もてんでばらばら。共通しているのは、誰から依頼を受けたわけでもないという一点のみ。

これが一、二件程度であれば、誰も話題にはしない。しかし男性が認識しているだけでもその数は三桁に届くのだという。

材料の石も馬鹿にならない値段、ましてやそれを彫り、運送するとなればかなりの金額になる。単なる趣味とも思えず、なによりも誰ひとり設置するところを目撃していないのが、なんだか薄気味悪いのだ——と、男性は言った。

「俺も自治体から〝撤去すべきですかね〟なんて相談されて、その地蔵さんを見たけどね。あまり上手な出来ではないんだけど、やけに生々しくて。なんというのかなあ……まるで死んだ家族を真似て掘ったような感じなんだ。直感で〝こいつに手を合わせても、ひとつも良いことなんか起きないな〟と思ったよ」

男性が携帯電話で撮影した石地蔵の画像を、筆者もその場で見せてもらっている。

目にした瞬間、「生々しい」の意味を理解した。

半開きの口、かっと見開かれたまなこ。合掌している両手の爪が、異様に長い。

一年以上経ったいまでも、私はときどきあの画像を思いだして不安な心持ちになる。

あれは、本当に地蔵なのだろうか。

車怪

そぼ降る雨の夜、タクシーが白い服の女を乗せる。行き先を聞けばそこは有名な墓地。背筋に寒いものを感じながらも車を走らせ、いざ目的地に到着したころには女の姿はなく、シートがぐっしょりと濡れている……。

以上は一般的に「タクシー幽霊」と称される広く知られた怪談だが、意外にも取材の場で類話を拝聴する機会はあまり多くない。震災後の一時期、被災地でよく耳にしたのが唯一の例外といえるだろうか。このタクシー幽霊、調べてみると昭和四十年代から平成初頭までは新聞や雑誌の記事に数多く登場している。もしかしたら市民のタクシーを利用する頻度や、運転手と乗客の関係性が変化したことなども、目撃の多寡にかかわってるのかもしれない。

タクシーにかぎらず、車にちなんだ怪談噺《ばなし》は枚挙にいとまがない。だが、そのありようは時代の推移やテクノロジーの発達に合わせ、絶妙な変化を遂げている。人ならざるモノは、我々が思っている以上に順応性が高いのかもしれない——そんな妄想を抱くエピソードを、いくつか紹介しよう。

昨年、知人の仲介で「過去に自動ブレーキ機能を開発していた」という男性に会った。「差し障《さわ》りのない範疇《はんちゅう》で」という条件付きなら、私好みの話をしてくれるらしい。

彼いわく、各企業とも自社の敷地でテスト運転をくりかえしたあとは、公道を走るのだという。彼が開発に携わっていた車も、マスコミを招いた公式な実験から社外秘のミッションまで、さまざまな形で公道を走行した。障害物の感知がおもな目的であったそうだ。

道路を横切る老人、赤信号を駆け抜ける自転車、突然急ブレーキを踏む前方車。それらの動線や傾向を掴み、自動ブレーキのプログラムに反映させるのである。

ところが行動ルートのなかに二ヶ所だけ、勝手に自動ブレーキが作動する区域があった。前方をチェックする単眼カメラでも、ドライバーの肉眼でも障害物はみとめられないのに、である。

一ヶ所は、市内有数の巨大墓地。

もう一ヶ所は「魔の十字路」として知られる事故現場。

このふたつに差し掛かると、かならず車が急停車する。

男性含め、開発スタッフ全員が頭を抱えた。エラーが発生しているのはまぎれもない事実だが、その理由を墓地や事故に求めるわけにもいかない。かといってこのままでは不完全な機能として、採用が見送られてしまう。

「駄目でもともと……こうなったら、やってみるか」

主任の鶴の一声で、チームは「ある方法」を試すことになった。

結果、例の場所でも車が停まることはなく、男性は無事に実験を成功させたのである。

「どんな方法を使ったと思いますか……塩ですよ。お寺でもらった清めの塩をボディに振りかけてから発進したんです。勝ったような、負けたような……いまでも複雑な気分です」

Kさんは焼き鳥屋を営んでいる。

といっても店舗を構えているわけではない。スーパーやホームセンターの駐車場に屋台の軽トラックで乗りつけては、その場で焼いて販売するのである。

客足は季節や天気によってまちまちだが、おおむね上々。忙しいときは夕方までにすべて売りきれてしまう。Kさん自身も、なるべく日暮れ前に売りきるよう努めている。

夜になると、妙な客がくるからだ。

「長髪の女が、いつのまにか焼き台の前に立ってるんでさ。ガイコツみてえに痩せっこきの女でね。やけに黄色い顔して、ぼおっと並んだ串を見てやがる。そんで、こっちが〝いらっしゃい、なんにしましょうか〟なんて聞いても、うんともすんとも言いやがらねえ。どれにしようか迷ってんのかなと待ってるうちに、いつのまにか消えちまう」

はじめこそ「陰気な客だ」と思っていたが、やがて、彼はそうではないことを悟った。

どの駐車場に行っても、女は姿を見せるのだ。

郊外のスーパー、県境にあるホームセンター、新装開店のドラッグストア。どう考えてもおなじ生活圏内とは思えない場所であっても、夜になると女はかならずやってきて、消える。

ちなみにKさんが使っている軽トラックは、フランチャイズチェーンの本部から貸しだされたものである。もしかしたら、過去にこの車で「轢いてしまった女」なのではないか——彼はひそかにそう考えている。

「怖《こえ》ぇのはね……俺、まもなく独立して念願だったテメエの店を持つんだけどよ。もしも、そこにあの女がきたら……どうすりゃ良いんだろうな」

開店予定は今秋。お祓いをするべきかどうか、悩んでいるという。

運送業を営む男性から聞いた話。

ある日の夕方、バイパスを走行していると、突然目の前を白いかたまりが横切った。あきらかに人間ではない。コンビニのポリ袋、飛ばされたカーテンかシャツ、小動物など、一、二秒のあいだにさまざまな可能性が浮かぶ。

気がつくと車は路肩沿いに停まっていた。どうやら無意識にハンドルを切り、ブレーキを踏んでいたらしい。事故を起こさなかったことに胸をなでおろしているうち、「結局あれはなんだったのか」と疑問が湧いた。

幻じゃないよな。俺がおかしくなったわけじゃ、ないよな。

近くのコンビニに車を停め、車載のドライブレコーダーを操作する。数分前まで映像を巻き戻すと、たしかに、画面を右から左へ横断する白い物体が映っていた。

幻覚ではなかったことに安堵しつつ、さらに正体を探ろうと一時停止のボタンを押す。

下半身だった。

腰から上のない真っ白なズボンが、大股で道路を渡っていた。

しかも、パースがおかしい。

周囲の標識との距離感から考えて、普通の人間の三倍はある。

ふと、このバイパスで事故車を目撃したのを思いだす。

そういえば、ひしゃげた車をレッカーで運ぶ場面に何度か遭遇している。ガードレールへ結わえられた花束も常にみずみずしい。遺族がこまめに替えているとばかり思っていたが、もしや、毎回《ご新規さん》だったのかもしれない。

もしかして、あの白い下半身が原因なのだろうか。だとすれば——

大発見ではないか。スクープではないか。

男性はひそかに興奮しつつドライブレコーダーの映像をＣＤ－Ｒにダビングすると、

翌日最寄りの警察署へと向かった。

交通課の受付で用件を伝え、担当者を待つ。五分ほど経って、ようやく担当らしき中年の警官が事務室の奥から姿を見せた。

「ええと、ビックリしないでくださいね。実は、あそこのバイパスなんですが……」

興奮しながら一連の出来事を説明する。しかし、中年警官は「はい、ええ」と抑揚のない返事をするばかりで、驚いたような様子もない。

説明が理解できないのか、それとも信じていないのか。

やむなく「あの……」と、もう一度最初から話しはじめた直後、警官はつまらなそうに男性の手からCD‐Rをもぎ取ると、盤面にサインペンで「27」と乱暴に書いた。

あ、自分は二十八番目なのか。慣れっこなのか。

そのときはじめて、鳥肌が立ったという。

男性は、現在もおなじバイパスをやむなく利用している。

あいかわらず事故は多い。

路傍には、鮮やかな花や缶ビールが絶えることなく供えられている。

一秒

幽霊、人魂、奇妙な物体、あるいは漠然とした怪しいモノ——解釈はさまざまだが、つまり非日常的な視覚情報を目にした場合、多くの人は「なにかの見間違いだろう」と結論づけるようだ。

信じがたい光景をまのあたりにしたとあっては無理からぬことだが、そのような判断をくだす理由のひとつには、目撃時間の短さもあるように思う。

個人的な多くの体験は、わずか一、二秒の場合が多いのだ。

まじまじと眺めたのであればともかく、文字どおり、まばたきをする一瞬の出来事とあっては容易く鵜呑みにできないのも頷ける。

だが、その手の話に興味深いものが多いのも、また事実なのだ。

解釈も理屈も因果も放棄した、ただひたすら「不思議だった」というだけの事象。

再現も反証もかなわない、「けれど私はたしかに見た」という実感だけが残る体験。

それを抱えたまま生きていくのは、怖い。

また見てしまうかも――そう考えながら暮らすのは、恐ろしい。

この項では、そんな「一、二秒」にまつわる怪談を集めてみた。単なる錯覚なのか、それとも非日常の扉を垣間見てしまったのか。それは、読者諸兄に決めていただこう。


ある夜、Tさんは都内マンションへ帰宅するため電車に揺られていた。

車両がなじみの駅を通過する。なにげなく、視線を降車口のガラス窓に向けた。

真っ赤だった。

ホームの床も柱も天井も駅名を記した看板も、すべてがペンキを塗りたくったように赤く染まっている。

「自分の目がおかしくなったのか」と思ったが、ホームを行き交う乗客の肌や衣服は普通の色あいである。窓の手前、すなわちTさんが乗っているこの車両にも、取りたてて変化は見られない。

時間にして一、二秒ほどで、電車は駅を通りすぎた。

帰宅後、「なにかのイベントで、駅舎をペイントしていたのかもしれない」と思い、インターネットで調べてみたが、結局該当するような催事は見つからなかった。だからTさんはいまでも「あれは目の錯覚だったのではないか」と思っている。

ちなみにその駅は沿線でもっとも飛び込みが多いことで有名なのだという。


大阪に住む男性の話。

いつものように職場へ向かっていると、急に「父方の家の墓参りに行かなくては」と焦燥感で胸がいっぱいになった。

父方の実家は長野にあり、墓参りどころか四半世紀は足を向けていない。そんな場所になぜ行きたくなっているのか、自分でもわからない。

「馬鹿な考えだ」とおのれを一蹴したが、衝動はどうにも抑えられない。とうとう駅の改札で、会社へ「休みます」と連絡を入れると、そのまま長野方面の電車に乗った。

午後も遅い時間になって、彼はようやく実家の菩提寺へと到着した。記憶をたよりに墓所をさまよい、なんとか本家の苗字が刻まれている一基の墓石を見つけた。

とはいえ勢いにまかせて訪れただけであるから、線香も花束も用意などしていない。とりあえず、手だけ合わせようとその場にしゃがみこんだ。

なんでワシ、こないな真似しとるんやろか。

自分でも理解できぬまま合掌した瞬間、がたがたっ、と墓石が目の前に落ちてきた。劣化した石が剥離し、袈裟《けさ》懸《が》けに斬られたように上半分がスライドしてきたのである。

拝んでから、わずか一秒ほどの出来事だった。

「壊れるから直してくれと言われたような気がするんですわ。や、そうでも考えんと、あのタイミングで崩れたことの説明がつかんでしょ」

あれほど激しかった墓参への衝動は、寺の住職に石の修繕を依頼した瞬間、ぷっつり失せてしまったという。


秋の夕暮れ。

Nさんは休憩がてら一服しようと、オフィスが入っているビルの屋上へ足を向けた。

正規の喫煙所はビルの裏手に一階設置されていたが、彼女の職場である四階からは遠い。そこでNさんは、オフィスのひとつ上階にあたる屋上を、秘密の《個人喫煙所》にしていたのだという。

落下防止の鉄柵にもたれながら、咥えタバコに百円ライターを近づける。

先端に赤く火がともった瞬間、視界の端に黒いものが見えた。

ビルの外に向かってきっちり揃えられた革靴。

そのすぐ脇で中年男性が身をかがめ、ぽかんとした表情で靴を覗きこんでいる。

彼が裸足であるのに気づいて「んっ」と悲鳴を飲みこんだ瞬間、靴と男は消えた。

ほんの一、二秒のことだった。

「よく聞く〝煙のように〟って感じではなく、コマ撮りみたいにパッといなくなって」

青ざめてオフィスに戻るなり上司に報告したが「なにかを見間違えたんでしょう」とすげなく言われるだけだった。

翌週、おそるおそる階段をのぼってみたところ、屋上へ続くドアには長い鎖と巨大な南京錠が、がんじがらめに架けられていたという。

古株の守衛に会った際、「このビルで飛び降りとかありましたか」と聞いたものの「まだ此処に勤めるんでしょ」と言われ、結局なにも教えてもらえなかったそうだ。

D子さんが、大学受験のため都内にある叔母さんの家へ泊まったときのこと。

空いている部屋をあてがってもらい、明日にそなえて早めに布団へ潜った。

ところが緊張もあってなかなか寝つけない。目を瞑《つむ》っても、睡魔に襲われるどころかますます神経が昂ぶってしまい、こんこん、だの、ずりずり、だのといった些細な音がどうにも気になってしまう。

とりあえず、暗くしておけば眠気がきてくれるかしら。

点けっぱなしだった電灯を消そうと目を開けた直後、周囲が、すう、と暗くなった。

一、二秒かけて、ゆっくりと部屋が翳《かげ》っていく。

へえ、やっぱり東京の電気はおしゃれだなあ。全自動なのかなあ。

感心しつつ、思惑どおり眠くなった彼女はそのまま夢のなかへ落ちていった。

翌日の夕方。

無事に受験を終えたD子さんは、見送りがてら東京駅へやってきた叔母さんと構内の洋食屋で、夕飯を楽しんでいた。

「そういえば、昨日は大丈夫だった？」

ハンバーグを半分ほど食べたあたりで、唐突に叔母さんが切りだした。

「怖がるかなと黙ってたんだけど、あの部屋……たまに見る人がいるのよね」

「なにをですか」

「おばけ」

叔母さんは、唖然とする彼女をよそに「過去にあの部屋を使った数名が〝まっくろな影を見た〟と主張している」ことをあっさり告げた。

「なんか、寝てる自分と平行に、空中に浮いたまま覆いかぶさってくるんだって。炭を塗ったみたいな色の、目も鼻もない人なんだって。面白いよねえ」

「でも、でも昨日はすぐに寝ちゃったから……そうそう、あの電気おもしろいですね」

強引に話題を変える。と、今度は叔母さんが怪訝な表情を浮かべた。

「電気って、どういうこと」

「消そうとしたら勝手に消えて……ゆっくり、優雅な感じで」

「そんなわけないじゃん。あれ、バチンッて壁のスイッチで消す蛍光灯だもん」

あんた、やっぱり見たんじゃん。

それ、覆いかぶさってきたんじゃん。

部屋で聞こえた妙な音についても訊ねたが、「そんなの聞いた記憶はないなあ」と、なぜか嬉しそうに言われてしまったという。


成果が実を結び、D子さんは都内の私立大学に合格した。そのため叔母さんとは年に一、二度都内で食事をともにしている。

だが、もう絶対にあの家へ行くつもりはない。

看黒《かんごく》

以下は、五月某日に映像配給会社プロデューサー・H氏より私宛てにかかってきた電話の通話記録を文章化したものである。通話中に起こった諸々の出来事も含めてご紹介したく、出来得るかぎり会話内容そのままの形で掲載してみたいと思う。

もしもし、もしもし……なんだか、すこし声が遠いみたいですけど。大丈夫ですか。

(筆者、書斎からリビングへと移動する。途中に電子音のようなノイズ)

あ、いま聞こえるようになりました。どうしたんでしょうね……ええと、じゃあ話しても大丈夫ですか。はい、はい……じゃあ、よろしくお願いします。

映画プロデューサーをやっていると、そりゃいろんなことがあるもんですよ。

なかでもホラーは十本くらい手がけたかなあ。キャリアで考えたらまあ多いほうだと思います。で、作るたびに《そういうエピソード》は出てくるわけです。

見えたとか、聞こえたとか——まあ、大半がこじつけですけど。

そりゃそうですよ。ほかの現場でも撮影機材が不調になったとか役者さんが体調を崩したなんてことは珍しくないんですから。ホラーの場合、強引に結びつけてギャアギャア騒いでいる場合がほとんどです。

だから、今回も「ま、大丈夫かな」なんて思っていたんですけど。

ご存知のとおり、今度の映画は病院が舞台でしてね。

そういう場合たいていは閉鎖した施設を使うんですが……今回は、業界用語で「生きた」場所を使ったんです。

つまり、現在も経営中の病院がロケ場所だったんですよ。

ちょうど仲介してくださる方がいまして。ためしにロケハンへ行ってみたら、街はずれの田んぼのまんなかに建っているんです。つまり、夜中に撮影しても住民からクレームがくる可能性が低い。おまけに病院には入院施設がないので、深夜に騒々しくしても問題がない。そんなわけで「小道具の備品もあるし、此処《ここ》が良いんじゃないか」って話になったんです。

で、いざ撮影のために現地へ行って——さっそく、初日に。

その日は深夜まで撮影が続いていましてね。私自身は現場じゃなくて、二階に用意されたスタッフの控室で関係者へのメールしたりスケジュール調整に追われていました。撮影がはじまれば、あとは監督の仕事ですから。プロデューサーは、現場を円滑に動かすための裏方になるんです。

で、眠気をこらえつつキーボードを叩いていたら、スタッフの子が呼びにきまして。

「ちょっと……変なことになってます」って。

青い顔して、消えそうな声で言うんですよ。

「ほら、来た」と思いました。いや、心霊現象が起きたと思ったわけじゃないんです。撮っている内容が内容ですから、ナーバスになってしまうスタッフもいるんですよね。そういう「敏感」な誰かが、なにか言いだしたのかなと考えたんです。

で、撮影がおこなわれている一階のロビーに降りていこうとしたら。

知らない人が、階段の踊り場に立っているんです。

太ったおばさんでね。私たちを、ぼおっと見あげているんですよ。

そりゃぎょっとしましたよ。蛍光灯のぎらぎらした光に照らされて顔が妙に緑っぽいし。で、かたまっている私にスタッフが、

「あの人……あそこから来たんです」

そう囁きながら、非常口を指さしましてね。

病院は診察時間が終わる七時にドアをすべて閉めてしまうんですが、撮影隊は車に機材を取ってきたり、足りないものを買い出しに行ったり、けっこう出入りするんです。だから、病院サイドが気を利かせて裏手の非常口だけ開けてくれたんですよ。

おばさん、そこから入ってきたらしいんです。

「あの、すいません……急患の方ですか」

おそるおそる近づいて訊ねたら、おばさんが突然「お金くれッ」って叫んだんです。

「お金ッ、おカねッ。ちょウだいよッ」

絶叫するおばさんをなだめ、待合室のソファに座らせて話を聞きました。

そしたら、どうやら……痴ほう症の方だったみたいで。

家からタクシーに乗ってこの病院にまっすぐ向かってきたけどお金がないもので、我々に帰りのタクシー賃を要求していたらしい――と、まあそんな事情だったんです。

ただ、深夜なもので職員さんは誰もいないし、そのまま帰らせるわけにもいかないし。仕方なく私が付き添い、病院から五分ほどの場所にある交番まで行ってお巡りさんに引き渡しましてね。ええ、まもなくパトカーに乗せられて帰りましたよ。それで「驚いたけど、お化けじゃなかったなあ」なんて安堵しながら病院までの一本道をひとりで戻っていたんですけどね。

変なんですよ。

外から見ると……病院、真っ暗なんです。

撮影現場は奥まった位置にあるもので、灯りの類はいっさい漏れていないんですね。非常口は裏手で、そもそも灯りが届かない場所だし。

おまけに彼女が口にした自宅の住所は、病院から二十キロ以上も離れた市街地なんです。いや、「かかりつけの病院だ」と言うのであればまだ理解できるんですけど……。

おばさん、ここが病院だって知らないまま入ってきてるんですよ。

運転手に「そこを右、そっちを左」って指示しながら土地勘もない場所の真っ暗な建物にたどり着いて、裏手の非常口を探しあてる……有り得ますか、そんなこと。

それが、ひとつめの妙な出来事でした。

ええ。まだあるんですよ。


三日目の……お昼過ぎだったかなあ。

その日は屋上で撮影がありまして。例によって私は事務作業をしていたんですが、早めに一段落したので「様子を確認しておくか」と現場に向かったんですよ。

そしたらね、カメラマンがひとりで孤軍奮闘しているんです。

いつもなら彼の隣にいるカメアシ——あ、カメラアシスタントの略です。若い女の子なんですが、その子の姿が見えなくて。

「どうしたの、あの子」って訊いたら、体調が悪いというので休憩させているとかで。

そのときは「へえ」なんて聞いていたんですが……撮影も終盤にさしかかったころ、当のカメアシがお腹を押さえながら戻ってきましてね。

(ここで再び通話が聞こえにくくなる。ノイズと電子音のようなリズム)

もしもし。あ、また変になりましたね。なんか変な音しましたよね……で、どこまで喋りましたかね。ああ、カメアシが現場にきたところでしたっけ。

彼女、普段も無口で静かなんですけど、その日はおとなしいどころじゃないんです。唇をギュッと結んで、ひとことも話さない。現場って合図とか掛け声とかけっこう飛び交うんですが、彼女だけずっと無言なんですよ。

「あれ、かなり具合悪いのかな」なんて思ってるうちに屋上のシーンが終わりまして。役者さんを控室にいったん戻し、次の準備をすることになったんです。で、機材かついで階段を降りていたんですが……。

背後で、どすん、って低い音がしたと思ったら。

「げえええええええぇッ」

悲鳴が——いやもう、本当に鳥か獣が鳴き叫ぶような声が聞こえたんですよ。

びっくりして駆け寄ったら……カメアシの女の子が階段の踊り場でのたうちまわってスタッフも周囲に近よれないほどの暴れようなんです。

プロデューサーの性なんでしょうか、とっさにキャストさんがこの場にいないことを確認しました。だってこんな場面を見せちゃったら、あとの撮影にも響きますからね。

幸い、役者陣はすでに控室へ帰っていましたけど。

そこで、すぐにスタッフへ声をかけて病院の職員さんを呼びに行かせました。ストレッチャーが運ばれてきたので、彼女を乗せて医務室に運んだんですが……。

何処も悪くないんです。

私は当初、過呼吸かと思っちゃったんですよ。過去に過呼吸で倒れた人を見たことがあるもので。ところが、診察してくれた先生によると「過呼吸なら叫べない」って言うんです。考えてみれば当然ですよね。で、別な発作を疑ってみたんですがその可能性も低いらしい。

血圧や脈を測り、採血して……ひととおり調べてもらったけど、異常なし。身体にはなんの問題もなかったんです。

「考えられるのは、精神的な問題ですかね」

先生はそう仰ってました。けれど、すくなくとも今回の現場はそこまでストレスが溜まるような環境ではないんですよ。そりゃ夜中まで撮影することはあるし、バタバタといろいろ慌ただしいのは事実ですけれど、やたらと怒鳴るようなスタッフも、横暴なキャストさんもいませんからね。いたって平和なロケなんですよ。

結局、スタッフへ撮影を再開するよう促し、私自身はベッドで眠り続けるカメアシに付き添っていました。

八時間、ずっと。

ええ、そうなんですよ。彼女、夜の十一時までまったく目を覚まさなかったんです。しかも最後は「申しわけないが、健康な方にベッドを占有させておくわけには……」と、病院に言われたんで、強引に揺すって起こしたんです。

そんなことってありますか。前日だって普通に寝ているんですよ、その子。

ようやく覚醒した彼女にいろいろ訊いたんですが、あまり憶えていないみたいでね。まあ責めてもしかたないし、「無事ならひとまず良かった」って、その場は終わったんです。

そしたら、翌日ですよ。

午前中に撮影がはじまって、その子が現場にきたんですが……明るいんです。明るすぎるんです。

昨日までの大人しいイメージが一転、やけにハキハキした受け答えでして。おまけにやたらと笑顔なんですよ。

キャストさんからは「あの子、なんか元気になったねえ」なんて言われましたけど、私は昨日の延々と寝ている様子も見ていたもので、どうにも違和感が拭えなくて。

そうだなあ……エアロビってあるでしょ。あれって、ありえないくらい過剰な笑顔で踊るじゃないですか。あの感じのまま日常になだれこんできた……って言えば、なんとなく伝わりますかね。

まあ、撮影は翌日無事にクランクアップしたので、それ以上おかしなことは起こらなかったんですけど。カメアシも外注先の社員だったので、撮影後は会ってないんです。だから、深夜におばさんがきた理由も女の子が苦しんだ理由も、なにひとつ解らないままだったんですよね……一週間ほど前までは。

ええ、まだ続きがあるんですよ。

先週、その病院を再訪したんです。ええ、置きっぱなしだった機材の撤収がてら仲介者の方にお礼をするのが目的でした。

で、「おかげさまで無事に終わりました」なんて言いつつ菓子折をわたしていたら、その人「変なことはなかった?」なんて言うんです。

いや、こっちはまだなにも話してないんですよ。でもまあ、撮っている中身が中身だし、勘ぐったのかなと思って適当に相槌をかえしていたんですが……。

「あそこ、前に死んでるからなあ」って。

さすがに「生きた」病院なんで、あまり詳しい内容はお教えできないんですけど……二、三年前に職員さんが勤務中に倒れて、そのまま亡くなっちゃったらしいんですよ。心臓発作だったかな。持病の類は特になかったそうなんですが。

まあ、そのこと自体は珍しくないと思うんですよ。最近じゃよく聞く話ですからね。

ただ、問題は……倒れた場所で。

すぐ、側なんですよ。

おばさんがぼうっと立っていて、カメアシが昏倒した、あの踊り場の近くなんです。

（一瞬声がこもる。H氏の発言、一部聞き取れず）……れを聞いて、はっとしました。

踊り場付近って撮影現場も控室もぜんぶ見えるんですよね。

だから、改めて考えると……いや、考えすぎだと思うんですが……視線を感じる、とでもいうんですか。なにかに絶えず見られていた、そんな感覚があるんです。

ただ……これは私の勝手な考えですが、亡くなった者の怨念が渦巻く、みたいな雰囲気は感じなかったんですよね。むしろ、クレーム……そう、今回の一連の騒ぎは「クレーム」に近いんだと思います。

あそこは「生きた」病院だ、って言いましたよね。

つまり、人の生死が現在進行形で日常的にあつかわれている場所なんですよ。

そこに、映画だのエンターテイメントだの勝手な理屈で乗りこんで、私たちは平気な顔で撮影を敢行したわけです。

もし相手の立場だったら、どう思いますか。

怒りますよね。腹を立てますよね。咎めますよね。

警告ぐらい、しますよね。

それが今回起こった現象の正体だった……私はそのように思えてならないんです。まあ、願わくはその警告が、もう終わ（三度めのノイズの直後、電話が切れる。以降、繋がらず）

アキ

日に一度、多いときには二、三度と、宅配便が我が家に届く。ネット通販で購入した古書のほか、出版社から送られてくる献本や契約書などが多い。当然ながら、送り主の欄には私の名前が記載されている。

あるとき、配達人の男性に「もしかして、お化けの話を書いてますか」と訊かれた。書店で同名を目にした憶えがあり、もしやと思ったらしい。

隠すことでもないから正直に「本人です」と打ち明け、社交辞令のつもりで「なにか怖い体験はありませんか」と水を向けた。良い返事は期待していなかったのだけれど、男性があっさり「昔の話でよければ」と頷くもので、こちらが驚く羽目になった。

配達中はさすがにまずかろうと思い、昼休みに改めて会う約束を取りつけた。

二十代後半の彼を、仮にH君としておこう。

学生時代は関西圏に暮らし、運送業――いわゆる引っ越し屋のアルバイトで生活費と学費を全額まかなっていた強者である。「現在の仕事といい、どうやら運搬に縁がある人生みたいです」と、当人は笑う。

「ひと括《くく》りに引っ越しといっても多種多様ですね。大半は転勤や入学など一般的な理由ですが、あまり喜ばしくない理由で転居する人もいます」

離婚、破産、家族の逝去……なかには、ストーカーから逃れるために引っ越すという、きわめて切迫した状況の人間もいる。

だが、どれほど深刻だとしても「そういう人」は問題ない――H君はそう断言した。

「理由が明確ですからね。むしろ、ヤバいのは理由がない……つまり、どうして自分が引っ越すのか理解できないまま、転居をくりかえしちゃうタイプの依頼者なんです」

もっとも彼自身は「依頼者がそういう人かどうか」は、ほとんどわからないらしい。

なんでも当時、同僚に勘の働く人間がいたのだそうだ。

「Jさんという、運送ひとすじ十年のベテラン社員なんです。ひょろりとした体格とは裏腹に、衣装箪笥をひとりで団地の三階まで運ぶほどの力持ちでして。ほがらかだけど控えめな、周囲を明るくさせる達人でしたね。最寄り駅が近かったのもあって、僕にはとりわけ優しくしてくれた記憶があります」

そんな明るいJさんですら顔を曇らせる現場が、ごくまれにあった。

いずれも、一見したかぎりでは仲の良さげな家族や、広いマンションへ心晴れやかに移り住むサラリーマンとしか思えない。だが、「そういう人」に会うとJさんは、

「今日はキツいで」

かならず作業前に愚痴をこぼす。

事実、彼がぼやいた現場では十中八九トラブルが起きた。

ダンボールの底が突然抜けたり、厳重に梱包したはずの陶器がバラバラに砕けたり、作業員がバランスを崩して冷蔵庫をつま先に落とし、複雑骨折した社員もいた。

「いちばん多かったのは《アキ》ですね。効率よく運ぶため、我々は荷物をすきまなくトラックの荷台に収納するんです。なので普通はパスルゲームみたいにぴったり荷物がおさまるんですが……そういう現場は、どれだけ工夫しても空間ができちゃうんです。まるで、人がそこへ立っているみたいに――いやホントに不気味ですよ、あれは」

《アキ》を発見すると、Jさんはますます渋い顔をした。

「人っちゅうんは本能的に〝ここはアカン〟と察する力があるんや。だから理解できんながらも逃げようとすんねん。けれども《相手》かて、そない簡単にはサヨナラしてくれへん。あの手この手で邪魔すんねん。ひどいときには——引っ越し先に憑いてくる《アキ》が出たら終いや、逃げきれん。

深刻な口調に頷きつつも、H君はその言葉を「どの業界にもありがちな、ゲン担ぎの一種だろう」と思っていた。

夏の暮れ。

彼はJさんと一緒に、公営住宅の一室へ向かっていた。

「住宅」といっても要は団地である。階段が狭いのは難儀だが、荷物量は一軒家よりもはるかに少ない。運びだし自体は一時間半もあれば終わるはずだった。

楽勝だな——余裕を見せるH君へ、Jさんが仏頂面で言った。

「今日はサイアクや……たぶん、おるで」

思わず「いやいや、さすがにそれは考えすぎでしょ」と笑う。

「だって、まだ室内さえ見てないんですよ。ヤバいかどうか、わかりっこ……」

「見てんねん」

「は」

「今日行く部屋の引っ越しに立ち会うの……三度目やねん」

「……た、たまたまですよ。だってほら団地だし。人の出入りも多いだろうし」

H君が提示する仮説にも、Jさんはまったく反応しない。

「ゴタクはええわ。引っ越し先で荷ィ降ろしたら、すぐ退散するで」

そんな不吉きわまる言葉に反し、運搬は滞りなく進んだ。

荷物も破損せず、怪我人が出る様子もない。なによりもトラックのコンテナに《アキ》がなかったことに、H君は安堵していたという。

「なんだかんだで、やっぱり気にしていたんでしょうね。たしかに、どことなく陰鬱な雰囲気の部屋ではありましたから」

荷を積み終えて四十分後、トラックは転居先である小ぎれいなアパートに到着した。

「ほんなら、チャッチャと荷物あげよか」

Jさんの合図で、コンテナの扉を左右に開ける。

「あ」

「うわ」

天地が入れ替わった冷蔵庫。脚を上に向けている食器棚。

ダンボールに描かれた可愛いキャラクターは、どれも逆立ちをしている。

「つまり、荷物がすべて逆になっていたんです。いやいや絶対に無理ですって。一個や二個ならともかく、コンテナ内で全部ひっくりかえすなんて不可能なんですよ」

依頼者に「積みこむ際に不手際がありまして」と詫びたあと、ふたりはほとんど口を開かず、黙々と作業を終えた。

帰りの車中でも会話はなかった。

「まあまあ……ビビりましたけど、それでも《アキ》はなかったんですから。ね、ね」

重い空気に耐えかね、努めて明るい調子でおどけて見せる。

Jさんは、やはりなんの反応も示さなかった。


翌月、Jさんが数日にわたって欠勤した。

所長によれば、本人が「なんか……風邪っぽいんですわ」と電話をよこしたらしい。

最初こそ「珍しいこともあるわ。鬼のなんとかっちゅうヤツや」と笑っていた所長も、欠勤が一週間を過ぎるころには、さすがに困惑していた。幸いにも繁忙期ではないが、カレンダーは予約でそこそこ埋まっていた。このままでは、シフトにも影響が出る。

「お前、ちょっとアイツの様子を見てきてくれんか。家、近いんやろ」

所長は、H君に《家庭訪問》を依頼した。

気乗りはしなかったが、近所同士という合理的な理由には抗えない。本人が連絡してきたのであれば「最悪の事態」を目撃することはあるまいと、しぶしぶ了承する。

アパートに着いたのは、仕事を終えた午後七時過ぎ。

Jさんの部屋をたしかめるなり、首をかしげた。

台所の小窓から漏れる灯りのなかに、ばたばた動く小さな人影らしきものが見える。

ドアの前に立つと、室内からは金切り声が聞こえた。

幼児が大騒ぎをしているのだろうか。

でも、独身だったよな。親戚の子でも来てるのかな。

いぶかりつつチャイムを押すと、まもなくJさんがドアのすきまから顔をだした。

「おお……なかなか体調が戻らんでな。迷惑かけて、すまんのう」

いつもどおりの明るい口調とは対照的に、顔色がひどく青白い。眼窩《がんか》は極端に落ちくぼんでおり、いまにも目玉がこぼれ落ちそうに見えた。

「みんな心配してましたよ、はやく元気に……」

お決まりの科白を口にした矢先、Ｊさんの背後を白いかたまりが走った。

つい、目で追う。

なにも居なかった。

居るはずがなかった。

後ろに見える居間は、天井までゴミ袋やダンボールでみっちり埋め尽くされている。テレビで目にするよりもはるかに壮絶な、ゴミ屋敷がそこにあった。

「いやホント、人が動けるスペースがないんですよ。まるで……積み荷をギッチギチに詰めたコンテナみたいでした。ただ」

過剰に密集している積載物の一角に、正方形のスペースがあった。

ちょうど子供ひとりぶんほどの――まるで切り取ったように綺麗な空間だった。

「え、あれって、アキ」

Ｈ君が口を開くと同時に、Ｊさんが無言でドアを閉める。直後に再び奇声が聞こえ、彼は本能的に駆けだしていた。

だから、その後のことはなにも知らない。

Jさんはその後一度も顔を見せぬまま、いつのまにか退職扱いとなったそうだ。

「逃げきれなかったんですかね」


H君によれば、現在働いてる宅配業でも「妙な家」は珍しくないのだという。

「般若心経をずっと流している新興住宅とか、昼夜を問わずお婆さんが屋上から睨んでいる独身寮とか。でも、荷物わたしてハンコを貰えばオシマイですからね。そういう意味では、引っ越し屋の何倍もマシですけど」

なんたって《アキ》がないんで。

ほがらかに言うと、彼は午後の配達へ出かけていった。

いさめ

D氏は、自身の父親を米寿《べいじゅ》直前に亡くしている。

世間の基準に照らせば大往生ということになるのだろうが、同氏は「そんな心おだやかに逝ったとは思えないんだよな」と苦笑する。

「最後まで弟と俺を気にかけてたからね、いろいろ心残りだったと思うよ」

D氏と二歳下の弟は思春期に諍いを起こして以降、四半世紀が経つ現在まで不仲だった。成人して以降はさすがに殴りあいこそしなくなったものの、まんがいちにも相手に会わないよう、兄弟ともに盆と正月に帰省したことがないというのだから、なかなか深刻である。

「だって、お互い自分の結婚式に相手を呼ばなかったんだから。まあ、呼ばれたとしても、アイツも俺も出席しなかったとは思うけどね」

父の死後、冷戦はいっそう顕著になった。

法要の段取り、遺産の相続、遺品の整理。どの家でも揉め事の種になるそれらの事案は、D氏いわく「燃えさかる焚き火にくべる薪のようなものだった」という。

「よく殺さなかったなあ、殺されなかったなあと思うよ」


ことが起こったのは、父の四十九日法要の席であったという。

実家の仏壇前に親族がずらり座って、檀那寺の坊主が唱える読経に耳を傾けていた。

「で、お経がようやく終わって、坊さんが最後に鉦《かね》をひとつ鳴らしたんだよ。そしたら」

だだだだだだだだ、だんっ。

階段を転げ落ちるような激しい音が、仏壇から響いた。

座布団から立ちあがって坊主の背中越しに前方をたしかめるなり、D氏は思わず、

「嘘だろ」

黒塗りの位牌、電気仕掛けの灯明、小ぶりの仏像、小さな写真立てにおさめられた遺影。

仏壇に置かれたすべてが、まっぷたつに割れていた。

「見事にスパッと、まるで刀を振りおろしたみたいだった。位牌や仏像はともかく、灯

明や遺影が縦に割けるなんて有り得ないでしょ」

呆然とする親族一同へ、向きなおった坊主がひとこと「嘆いておられる」と告げた。

「故人は今日かぎりで現世を離れ、お浄土へ旅立ちます。しかし、とても安らかにあの世へ向かえない理由があるようで……」

お心あたりは、ございますかな。

問いを受けて、親族が一斉に兄弟へと視線を注いだ。

「さすがにバツが悪かったよ。法事のあとの会食で、弟と〝まあ、よろしく頼む〟なんて、あやふやな和解をしてね」

以来、D氏と弟は「それなりの関係」を築いているという。

「何十年もいがみあってきたんだ、すぐに良好とはいかないよ。それでも、最近はそこそこ兄弟らしくなってきたんじゃないかな。まあ……揉めたくとも実家へ行くたびに《アレ》を目にしちゃうとね」

頭を掻きながら、彼は携帯におさめられた仏壇の画像を見せてくれた。

こじんまりとした仏壇には、接着剤で修復したとおぼしき位牌や、セロテープでぐるぐる巻きにされた遺影が飾られている。

「新しいものに換えようと言っても、オフクロってば〝お父さんの戒《いまし》めだから〟と、頑なに聞く耳を持たないんだよ。まあ、こいつらを修繕できれば、それが本当に兄弟のヨリが戻った証拠かなと思うけどね」

自分へ言い聞かせるように、D氏は何度も頷いた。

今年の春は、花見がてら、弟の家へ遊びに行く予定なのだそうだ。

かきのこ

地元新聞にエッセイを隔週で連載している。怪談とは無関係の随想であるから、担当者のO女史とその手の話をする機会はほとんどない。

先日、原稿を送る際にふとした気まぐれで「怖い話はないですか」と書き添えたところ、「そういう体験をした同僚ならいますよ」と驚きの返信が届いた。

奇しくも本書の執筆中、ネタは多いに越したことはない。

私はさっそく取材がてらの宴席を設け、O女史とその同僚T氏を居酒屋に招いた。以下はそのときに聞いた話だ。


T氏の自宅は、Y市内の山沿いにある。

かつては農地が日立つエリアだったが、近年は土地の安さもあってか若い世代向けの新興住宅が次々と建てられている。彼の家周辺も、いつのまにか更地になっては、気がつくと小ぎれいな家が建っているといった光景が、珍しくなかったという。

ところが、そんななかにあって、なぜか手がつけられていない場所がある。まさしく彼の自宅のちょうど裏手、一本の柿の木がぽつんと残っているのだという。

T氏が幼いころにはすでにあったそうだが、彼はこの木が実をつけたのを目にした記憶がないという。気づいたときには半ば枯れていて、骨を思わせる横枝が空を破るかのごとく、四方八方に伸びていたらしい。

おかしな話ですよね、とT氏は首をひねる。

先述のとおり家のまわりは軒並み開発が進んでおり、その一本さえ伐ってしまえば広々とした分譲地になるのは素人目にも明らかである。だがどうしたわけか、柿の木は伐られるどころか枝を落とされる気配すらない。

まあ、相続だの権利だのとややこしい事情があるのかもしれない。そう思っていた。

盆を控えた、ある夏の夜。

T氏は客間として使っている和室に布団を敷いた。寝室のエアコンが故障したため、涼を求めて風通しの良い客間へ寝ることにしたのだという。

扇風機のぬるい風にまどろんでいるうち、網戸の向こうから聞こえる声に気がついた。

複数の子どもとおぼしき甲高《かんだか》い笑いが、くらやみに響いている。

耳で探れば、位置はまさしく我が家の真裏――柿の木のあたりのように思われた。

まったく、こんな時間に近所迷惑な。内心で悪態をついた瞬間、はっとする。

布団を敷いたときにはすでに日が替わっていたはずだ。つまり、現在の時刻は午前一時をとうに過ぎている。そんな時刻に、灯りひとつない場所で遊ぶ子どもたち――。

いるわけない。

自分が無意識に発した言葉にぞっとして、思わず目を瞑った。

直後、手を繋いで柿の木を囲む子どもたちが、まぶたの裏へ鮮明に浮かんだ。自分も柿の木の傍らに立っているかのごとく、はっきりと見えた。

その状況を喩《たと》えたT氏の言葉が、非常に興味深かった。以下に引用しよう。

「暗い曲がり角にさしかかったとき、〝この先に誰かいるのでは〟と想像したことはありませんか。知らないはずの光景がありありと浮かんだり、着物の老人や青い顔の看護師がやたらリアルに頭に浮かぶこと、ありませんか。《それ》の、すさまじく強烈な感じといえば、理解してもらえるでしょうか」

子どもらは全員がびしょ濡れの和服姿で、その表情は人形のように固まっている。ある子はレコードの逆回転を想起させる奇妙な節まわしの歌を口ずさんでおり、別の子はキツツキが幹を啄《つい》ばんでいるような声で、延々と笑っていた。

熱帯夜に苛まれていたはずなのに、いまは部屋が妙に寒い。T氏は布団をかぶって、(彼自身の言葉を借りれば)心を閉じた。声を聞かぬよう、なにも想像しないよう努めて、ただひたすら眠気を待った。

気がつけば、すでに朝だった。震えながらもなんとか眠ったらしい。

明るい部屋をぼんやり眺めるうち、昨晩の出来事がどうにも信じられなくなってきた。熱にうかされでもしたか、もしくは夢うつつでなにかの音を聞き間違えたのではないか——そのようにしか思えない。そう思うよりほか、説明がつかない。

付近の住民に柿の木のことを訊いてみようかとも考えたが、それは止めた。しないほうが良い、そんな予感があった。

ゆえに彼は錯覚だったと結論づけ、そのことを積極的に忘れた。

盆を迎えたころ、彼の弟が訪ねてきた。毎年この季節には、弟が二、三日泊まっては酒を酌み交わすのが慣いになっている。例に漏れず、その年もやってきたのである。

二日目の夜、いつものように兄弟で杯を空けていると、なりゆきで話題が裏の空き地——柿の木が立っている場所のことになった。

酩酊も手伝い、笑い話のつもりで先日起こった出来事を口にする。

「いや、あの柿の木っていえば、この前さ……」

と、弟がT氏の言葉を遮るように「こどもだろ」と顔を曇らせてから、

「昨日——俺の寝ている和室に来たよ」

それだけで、あとはいっさい口を噤《つぐ》んでしまったという。

柿の木はまだある。

相談

「あの、怪談というよりも、むしろ相談なんですけど……話しても良いですか」

前項の「かきのこ」を聞き終えた直後、T氏の隣にいたO女史がおずおずと口を開いた。私のエッセイを担当している、文化部のベテラン記者である。

同年代であるのも手伝い、彼女とはこれまでにも何度となく宴席を囲んでいる。だが私の記憶がたしかなら、怪談の類を話したことなど一度もないはずだ。

そんな人間がいま、唐突に奇妙な体験を語ろうとしている。しかも、怪談ではなく相談と前置きして――これはいったい、どういうことなのか。

じっくり聞けるよう座布団に改めて座りなおし、メモ帳を開いた。

さて、以下はO女史の話をまとめたものである。

通常、地域や登場人物の属性などは個人情報を考慮し、イニシャルや伏せ字にしている。しかし本項は、後述する「相談」の理由を鑑み、具体的な情報を出来得るかぎり詳《つまび》らかにしたいと思う。

彼女の御母堂は、山形県は尾花沢《おばなざわ》市の母袋《もたい》という集落の出身である。母袋とは古代の神に捧げる酒器を指し、これを作っていたことが地名のおこりであるらしい（ほかにもアイヌ語に由来する、緑の豊かさを母になぞらえたなど諸説あるのだが）。つまりは、神との関係浅からぬ土地であると考えられる。彼女の母はそんな神のお膝元ですくすくと育った。

やがて母親は伴侶となる男性——すなわちO女史の御父君である——のもとへ嫁ぎ、故郷を離れる。けれどもふるさとへの思いはことのほか強かったようで、幼いO女史は母親から何度となく「母袋がいかに美しい場所であったか」を、寝物語に聞かされ続けたのだという。

そんな思い出語りのなかに、ひとつだけ奇妙なものがあった。

母親が幼い時分というから、昭和二、三十年代の出来事である。

占い師が来る――というのだ。

その人は妙齢の女性で、きまって元日の朝にやってきた。彼女は美しい紫の布を頭に巻きつけた格好で、村の家々をまわるのである。門口に立ち、芸能を披露しては金品を受け取る「門付け《かどづ》」の一種ということになるだろうか。三味線弾きや獅子舞などが良く知られているところだが、占い師というのはいささか珍しい部類かもしれない。

珍しいのは職業だけではない。この占い師の託宣も、非常に独特であったようだ。

「今年は……何々某と何々某、何々某の三件で、しびとが出るッ」

村で死者が出る家を、予言するのである。

はたしてその年、占い師が指摘した家で家族が亡くなった。

それが、毎年続く。

そして、毎年あたる。

的中させる霊験が子供心にも恐ろしく、加えてその容姿と振る舞いがすこぶる印象的で、ゆえにいまでも、あのしわがれ声と紫の美しい布が脳裏に焼きついているのだ――

母親はかならずそのような言葉で、思い出話を締めくくったという。

語りがよほど巧かったものか、紫の占い師は幼いO女史の心にも強烈に焼きついた。

「わたし、大学は文学部を専攻していたんですけど、卒業論文が小説だったんですよ。そこに《紫の布をまとった占い師》を登場させました。なんだか書かなくてはいけない気がしたんですよね。見たことないのに、格好をスラスラと迷いなく描写できたのは、ちょっぴりゾッとしましたけど……で、本題はここからなんです」


二年前の冬。

実家へ帰省したおり、O女史は夕餉の席で「紫の占い師」の話をしたのだという。

「母袋のことが話題にのぼったんですよね。その流れで〝そういえば〟と、喋ったんです」

彼女の言葉に母親は何度も頷き「懐かしいねえ。小さいころは正月になると、本当に怖かったんだよ」と笑っている。

と、祖母がおもむろに言った。

「なんだ、それ」

知らない、というのだ。

そんな人物は、一度も来たことがないというのだ。

母親が「ほら、あの紫の……」と細かに説明しても、祖母は「知らねえなあ」の一点張り。同席していた叔母たちも一様に「そんな人、来なかったよ」と口を揃えた。

「祖母は矍鑠《かくしゃく》としていて、記憶もはっきりしているんです。叔母たちも本当に知らない様子でした。けれど母は、そんな嘘をつけるほど器用な性格じゃないんですよ」

母親は一同を「どうして〝見てない〟なんて嘘をつくんだ」と詰ったが、責められた祖母たちもきょとんとしている。

空気の悪さに機転を利かせた叔母が別の話題を振って、話はそれきりになった。

「あとで確認しましたが、やはり双方とも嘘をついているとは思えない態度なんです。でも有り得ますか。お正月にそんな人が来たら、おぼろげにでも憶えていますよね。いっぽう、母の虚言だったとしても、あれほど詳細に語れるとは思えないんですよ。さっきも言いましたが、そんな器用な人ではないんです」

これ――どういうことなんでしょう。

調べてもらえませんか。

彼女の依頼にしたがい、私は郷土史や民俗資料などを出来得るかぎり調査してみた。

ないのだ。

いずれにも、門付けをする紫の占い師など記録されていないのだ。門付けをおこなっているということは、母袋以外の集落でもその姿が確認されているはずである。民間芸能であるから、公的な記録が残っていないのはべつだん不思議ではないが、それだけ特異な容貌と鮮烈な託宣であれば随筆なり回顧録なり、なにがしかの文献には記されていてもおかしくないではないか。

それが、一切ないのである。

冷静に考えるなら、母親の妄想だと結論づけるのがもっとも現実的なのだろう。

だが、なぜか私はそのように思えなかった。

単なる虚言や記憶の齟齬《そご》として、片づけることはできなかった。

理由はうまく言葉にできない。「物書きのくせに自分の気持ちも明文化できないのか」と笑われそうだが、事実そうなのだから仕方ない。

言いようのない不安だけが、胸の奥に溜まっているのだ。

見知らぬ部屋へ続く、襖の前で佇んでいる——そんな感覚が拭えないのだ。

ここからが、読者諸兄への「相談」になる。

ご自身が実際に目撃した、もしくは家族や知人から同様の話を見聞きしたことがある――という場合は、私あてに連絡をいただけないだろうか。

キーワードは、戦後まもなく、昭和二十年大後半から三十年代にかけて。

山形県尾花沢地方、もしくは周辺の地域。

正月に家々をまわって死を予言する、紫の布を巻いた占い師。

これらに心あたりの読者諸兄は、是非ご一報願いたい。

その女が本当に居たのかどうか、私はどうしても確かめたいのだ。

O女史自身も、幼少期には母袋にある母の生家を何度となく訪れている。

以下は、そのときの思い出を語ったものである。

「夏休みに遊びに行っては、だいたい一泊か二泊するんですけど……寝ていると、家の裏手から、ざっく、ざっく、ざっく、って鍬を入れるような音が聞こえるんですよね。そのときは眠いのもあって〝こんな時間から畑仕事か〟なんて思っていたんですけど、よく考えたら有り得ないんですよね。まっくらな真夜中に畑を耕す人なんていないないし、そもそも母の家の裏って、畑じゃないんです」

昔のお墓なんですよ。

看える

T氏、O女史の両名と別れ、夜の街をとぼとぼ家路に向かっているとポケットの携帯電話が鳴った。画面に表示された番号は同市内に住む知人の男性。なんの用事だろうと通話ボタンを押すなり「今日はなんの撮影だったの?」と、意味不明な質問をされた。

「さっき、[redacted]町のコンビニ前をとおってたでしょ。オレ、車ですれ違ったんだよ。デートかと思って声をかけなかったけど、よく考えたらあんな格好でデートしないよね。ハロウィンも終わっちゃったし」

やはり、まるでわからない。酔っているのだろうか。

「酒はほどほどにしてくださいよ」と窘《たしな》めたが、やはりその後の会話が噛みあわない。

戸惑う私におかまいなしで、彼のお喋りは止まらない。

「いや、看護婦の子とならんで歩いてたじゃん。制服がやけに汚れてたから撮影かなと思ったんだけど……あ、やっぱデートだったんだ。なに、オマエああいう趣味なの」
盛りあがる知人を置き去りに、私は隣の空間をたしかめた。
誰もいない。
まっくらな闇が広がっているばかりで、人の姿など何処にも見えない。
ふいに、風が吹く。季節はずれの冷たい風が吹き抜ける。
なにがそんなに面白いのか、知人は受話器の向こうで笑い続けている。

あとがき

黒木あるじ

こんにちは、黒木です。

このたび、ひょんなことから拙作が映画化されることになりまして。そんな報告を受けた翌日、竹書房の担当氏より「ついては、ぜひ新刊を」と請われ、本書の緊急刊行とあいなりました。人生、なにが起こるかわかりません。まったくもって、奇妙なものです。

奇妙といえば、昨年の秋から今春にかけて友人知人から「こんな話があったぞ」「こんな体験をした知り合いがいるけど」と、五月雨よろしく連絡が届くようになりました。多いときには一日に三件の取材をハシゴしたこともあります。去年は「いつネタが枯渇するだろうか」と怯えていたのが嘘のよう、集まるときには一気に集まるものです。「まるで、不漁と豊漁をくりかえす魚の群れみたいだなあ」と他人事のように感心してしまいました。

そうそう、魚の不漁というのは（乱獲など人為的なものを除けば）その原因がまだ完全に解明されていないのだとか。理屈がわからず人間が翻弄されるという点も、怪談と共通しているような気がします――とは、ちょっと強引でしょうか。

さて、せっかく怪談をじっくり読んでもらったのに、これ以上長々と講釈を聞かされては興ざめですよね。なので、最後にもうひとつ、奇妙な話を。

先日、「看黒」の話者である映画プロデューサーのH氏から再び連絡をもらいました。なんでも「伝え忘れていた情報がある」というのです。

昨年末。

映画の製作が決まりかけたころ、彼は「視える」女性のもとへ行ったんだそうです。その女性とはじめて会ったのは数年前、紹介してくれた知人の顔を立てるだけのつもりで、彼自身はまったく信じていなかったんだそうです。

ところがその女性、H氏を見るなり、

「カーテンをずっと閉めているのはあまり良くありませんよ。流れが止まっているので、壁に妙なモノがへばりついていますから」

当たっていました。

彼は自室の壁に本やDVDなどを数多く飾っていたんだそうです。しかし、西日が強烈に照る間取りとあって、表紙やジャケットが焼け兼ねない。そこで引っ越してから現在までのこのかた、カーテンを閉めっぱなしだったというのです。

それをすぐに指摘され、おまけに間取りも当てられた。そんなこともあって、H氏はその女性を信頼するようになったんです。

「それで、今回はなにを相談したんですか」と聞いたところ「選んでもらった」との返事。

数ある怪談実話のなかで「どれは撮らないほうが良いか」を訊いたというんです。

まんがいちにも障りのある作品を選んで、出演者やスタッフにもしものことがあったら。そんな良識に則って、彼は選別をお願いしたというわけです。さすがはまっとうな社会人、僕のような酔狂とは違うものだなあと感心してしまいました。

さて、相談を受けた女性は「なによりも『箪笥』という作品だけは止めたほうが良い」と告げたんだそうです。『箪笥』は、高坂さんという女性が、旧家に間借りすることになった際の、古い箪笥にまつわる異様な体験談です。

「この話はまだ〝生きて〟います。もし撮影したら、人死にが出ますよ」

なんだか凄まじい科白ですね。

僕なら迷わず撮影を敢行しそうなものですが、H氏はその言葉を信じ「『箪笥』以外ならどれが良いか」を訊ね、今回の原案を選出するにいたったそうです。

女性からは「この作品なら妙なことは起きるが人は死なない」と言われたそうで。

はたして予言は的中、撮影現場では奇妙な出来事がいろいろ起こりました。その詳細は本書収録の『看黒』に記したとおりです。これらの経緯を踏まえてもう一度お読みいただくと、『看黒』がいっそう味わい深いものになるかと思います。

おい、何処が奇妙な話なんだ——そう怒るのも無理はありません。ここまで書いたのは、単なる撮影裏話と、作者のたどたどしい挨拶ですものね。

実はH氏より電話を貰い「視える女性」の話を聞いている最中、私の耳もとでは、着信を告げる電子音が何度も鳴っていました。通話中に別な人から電話がかかってくると、いまの携帯電話は知らせてくれるんですね。

H氏との電話を終えて、いったい誰かと画面を見てみれば——高坂さんでした。

『箪笥』の話者、ここ何年も連絡を取っていない彼女でした。

あまりに絶妙なタイミング、さすがにぞっとしました。とはいえ折りかえさないわけにはいきません。あまり気乗りしないまま、私は通話ボタンをプッシュしたわけです。

「どうしましたか」

いえ、これは私の発言ではありません。高坂さんの第一声です。

彼女の電話に、私から着信があったというのです。

昨夜の、午前二時に。

「本当はすぐ連絡すれば良かったんでしょうけど、寝ていたもので。ごめんなさいね」

その場は「いや、こっちこそ間違って操作したみたいで」と、適当に話を合わせました。電話を切るなり、通話履歴を確認してみると――かけているんです。

前の晩の午前二時に、高坂さんへ電話しているんです。

そんなはずはないのに。

だって、その時刻に私は夜の街を歩いていたんですから。たまたま車ですれ違った知人に「あの看護師さん、誰だよ」と電話で詰問されていたんですから。

いや、本当に人生はなにが起こるかわかりませんね。まったくもって、奇妙なものです。

黒木魔奇録

2018年8月6日　初版第1刷発行

著者　黒木あるじ
デザイン　橋元浩明(sowhat.Inc.)
企画・編集　中西如(Studio DARA)
発行人　後藤明信
発行所　株式会社 竹書房
〒102-0072 東京都千代田区飯田橋2-7-3
電話03(3264)1576(代表)
電話03(3234)6208(編集)
http://www.takeshobo.co.jp
印刷所　中央精版印刷株式会社

定価はカバーに表示しています。
落丁・乱丁本の場合は竹書房までお問い合わせください。

ISBN978-4-8019-1551-0 C0176